손뜨개로 꾸미는 우리 집

인테리어 소품, 생활 소품, 아이 소품, 액세서리 등
70여 가지

도림북스

손뜨개로 꾸미는 우리 집

1판 1쇄 펴낸 날　　2015년 10월 27일

지은이　　박소윤, 송주미, 이수미, 조수연 공저

기획·편집　신이수
편집·표지 디자인　김미정
일러스트　이수미
사 진　최용성
모 델　김채원

펴낸이　　신이수
펴낸 곳　　도림북스
　　　　　서울시 강남구 삼성로 61길 11-2
팩스번호　(02)543-1217
출판등록　제2014-000184호
홈페이지　www.dorimbooks.com
페이스북　www.facebook.com/dorimbooks
전자우편　dorimbooks@naver.com

Project designs and text ⓒ 2015 박소윤, 송주미, 이수미, 조수연
Photography, design and layout ⓒ 2015 Dorim Books

ISBN　　979-11-953486-6-4　13630

이 책은 저작권법에 따라 보호받는 저작물이므로 무단 전재와 복제를 금합니다.
저작권자와 도림북스의 서면 동의 없이는 어떠한 형태로도 이용할 수 없습니다.

┌이 도서의 국립중앙도서관 출판예정도서목록(CIP)은 서지정보유통지원시스템 홈페이지(http://seoji.nl.go.kr)와 국가자료공동
　목록시스템(http://www.nl.go.kr/kolisnet)에서 이용하실 수 있습니다. (CIP제어번호 : CIP2015027673)

인테리어 소품, 생활 소품, 아이 소품, 액세서리 등 70여 가지

손뜨개로 꾸미는 우리 집

박소윤, 송주미, 이수미, 조수연 공저

손뜨개를 하는 즐거움, 나눌 수 있는 행복감

어렸을 때 할머니와 친정엄마의 뜨개질을 어깨너머로 보며 배웠습니다. 집에는 항상 손뜨개로 만들어주신 옷들과 테이블보, 피아노 커버 등이 있었기에 손뜨개는 저에게 일상이었습니다.

주부가 된 지금, '내 손으로 직접 만든 인테리어 소품을 집 안 곳곳에 두면 얼마나 좋을까?' '기존 상품들을 이렇게 바꿔서 좀 더 실용적으로 만들면 좋겠다.'라는 생각을 가지고 작품 하나하나를 만들었습니다.

주부의 감성으로... 그리고 니터로서의 자부심으로 작품들을 디자인하고 만들었습니다. 혼자가 아닌 함께하는 좋은 이들과의 공동작업이라 더 재미나게 작업할 수 있는 시간이었습니다.

함께해서 행복한 소중한 이들 끌림 조수연 쌤, 송주미 쌤, 이수미 쌤 감사합니다.

그리고 엄마를 항상 응원해주고 자랑스러워 해주는 쌍둥이 시은이와 은교, 영원한 동반자 이응구 씨, 친정 식구들 너무너무 사랑합니다.

박소윤

수공예를 사랑하고 아끼는 1인으로, 금속공예를 만나 온 장신구를 만들던 손으로 손뜨개를 하고 있습니다. 언니들에게 배우며 시작했던 어릴 적의 뜨개질이 아닌 만족감을 얻기 위해 노력하며 뜨개에 공을 들였습니다.

손뜨개 인형을 시작하면서 손뜨개의 발전을 위해 노력하는 사람들을 만났습니다. 저 또한 저만의 만족을 떠나 손뜨개를 알고자 하거나 좋아하는 분들에게도 그런 만족감을 전하고 싶어 이 책 작업에 참여하였습니다.

4명이 함께 인테리어 등에 어울리는 디자인 소품과 실용적인 아이템들을 담은 이 책은, 인형 제작이나 강의를 떠난 또 하나의 새로운 경험이었습니다.

여러분도, 손끝에서 일어나는 실생활의 변화를 즐겁게 경험하셨으면 하는 바람이 듭니다.

이 책이 마무리되기까지 함께한 조수연, 박소윤, 이수미 3명에게 고마움을 전합니다.

옆에서 응원을 아끼지 않으신 "끌림" 카페 회원분들과 항상 저를 사랑해주는 가족에게 감사의 마음을 전합니다.

송주미

손으로 만들어내는 나만의 아름다운 빈티지!

소소한 즐거움이 있는 뜨개질은 나를 한없이 넓고 깊은 사람으로 만들어줍니다.
바늘을 잡고 손에 실을 감아 한 코 한 단 뜨개질을 시작할 때면 온전히 나에게 집중할 수 있어 행복해지는 시간입니다.

집안 구석구석 나의 손이 닿는 곳마다 나만의 인테리어 소품으로 일상을 꾸며,
따뜻함으로 가득한 공간에서 가족과 행복한 시간을 만들어보세요~

조수연, 박소윤, 송주미 3명과 함께 작업하면서 좋은 시간을 함께할 수 있어 행복한 시간이었습니다.

나에게 너무나 소중한 딸 승민이,
옆에서 응원해주는 동생,
손뜨개 인형을 가르쳐주신 조수연 선생님께 감사의 마음을 전합니다.

이수미

손뜨개는 실용적인 것이라고 생각하는데

어느 순간 '직접 만든 건 아까워서 못쓰겠어..' '시간 들여 만드느니 그냥 하나 사서 써~'라는 말들을 자주 듣습니다. 그렇게 니트는 실용적이지 않다가 되었습니다. 아마도 공산품이 많은 시대에 살고 있기 때문이 아닐까 합니다. 그렇지만 내 마음에 꼭 드는 제품을 찾기도 어렵습니다. 이럴 때 직접 만들 수 있으면 좋지 않을까? 하는 생각을 하게 됩니다.

그렇게 시작하게 되었습니다. 니트로 만들어서 좋은 것들, 니트로 표현해야 더 좋은 것들을 생각하며 기획하고 디자인했습니다. 뜨개를 하면서 만난 좋은 친구들과 함께했기에 더 즐거운 작업이었습니다. 강의를 시작하고 카페를 운영하면서 알게 되었지만 비슷한 또래로 함께 마음을 맞추고 서로 다른 스타일을 절충하면서 작업하는 시간이었기에 더 의미가 있었습니다.

집안의 공간을 '이렇게 사용하고, 그럴 때는 또 이렇게도 사용하면 좋겠다.'라는 생각들이 모여 공간이 하나씩 채워질 때마다 기쁘고 행복했습니다. 그렇게 나만의 소품으로 소중한 공간을 채워가는 기쁨을 함께 즐기시면 어떨까요?

함께 작업한 소중한 친구 박소윤, 이수미, 송주미 3명과 힘들었지만 행복한 시간과 경험을 선물하고 믿어주신 도림북스 신이수 편집장님께 감사합니다.

마지막으로 항상 응원해주시는 "끌림" 카페 회원님들과 저의 반쪽 원정연씨에게도 감사의 마음을 전합니다.

조수영

차례

기본 도구 _ 10
작품에 사용한 실 정보! _ 12
기초 뜨개 기법 _ 13

LIVING ROOM 거실

31
멍석무늬 쿠션

33
멍석 포인트 쿠션

35
모던 포인트 쿠션

37
줄무늬 포인트 쿠션

39
원형 빅쿠션

42
사각 빅쿠션

46
대바늘 블랭킷

48
코바늘 블랭킷

51
바구니(대, 소)

57
사각 플레이트

58
손뜨개 비즈 팔찌

59
아이코드 팔찌

STUDY ROOM 서재

65
지그재그 배색패턴
노트북 커버

67
지그재그 배색패턴
휴대폰 커버

69
고래 휴대폰 거치대
(큰 고래, 작은 고래)

73
북유럽 패턴
보틀 케이스

77
카메라 스트랩

81
지그재그 블랭킷

83
북유럽풍 조명 갓 커버

FOR KNITTERS 뜨개소품

93
휴대용 뜨개 가방

97
카드 지갑

101
뜨개 도구 주머니

105
바늘 필통

108
바늘꽂이

111
실 바구니

114
실 홀더(대, 소)

KITCHEN 주방

121
냅킨홀더, 테이블 매트,
수저받침

123
아이보리 테이블 매트

125
티매트

129
꽃병홀더 & 양초홀더

133
의자 커버 & 의자 양말

137
수세미

139
디시 클로스

141
병뚜껑 커버

145
에코백

KIDS ROOM 아이방

보들보들 양 인형 러그
153

키재기 자
161

여우 인형 쿠션
167

너구리 인형 쿠션
172

부엉이 인형 쿠션
177

3색 바구니
185

너구리 모자
189

부엉이 모자
193

여우 모자
195

가랜드
199

인디언 텐트
201

일러두기
- 이 책에 사용하는 코바늘은 모두 모사용 코바늘입니다.
- 작품마다 크기와 실의 양은 뜨는 사람에 따라 차이가 있습니다.
- 작품에 사용한 실은 해당 실의 실번호와 실이름을 같이 적어뒀습니다.

저지
일반 천을 잘라놓은 실이다. 신축성이 있는 실과 없는 실이 있고 잘려진 두께에 따라 바늘을 선택한다.

면사
이 책에서 주로 사용한 실이다. 세탁이 쉽고 만든 후 조직이 단단하여, 소품으로 사용하기에 적합한 실이다. 아크릴과 혼합된 실은 면으로만 된 실보다 가볍다.

모사
블랭킷, 도구 지갑 등에 사용했으며, 보온성이 좋은 것이 특징이다. 겨울용 블랭킷에는 모사를 사용해도 좋다.

대바늘
일반적으로 뜨개에 사용하는 바늘이다. 실의 두께에 따라 바늘의 두께도 다르게 사용한다.

안전핀
바늘에 걸린 코를 임시로 걸어둘 때 사용한다.

줄바늘
대바늘과 사용하는 방법은 같다. 일반 바늘에 걸리지 않을 정도로 콧수가 많은 경우에 사용한다.

기본 도구

뜨개할 때 가장 기본이 되는 실과 바늘 외에 같이 사용하면 좋은 보조 도구들이 있어요. 뜨개를 좀 더 쉽게 할 수 있게 도움을 주는 도구들이죠. 이 책의 작품을 만들 때 사용한 도구 위주로 소개합니다.

모사용 코바늘
일반 뜨개실에 사용하는 코바늘이다. 실의 두께에 맞춰 코바늘을 선택하여 사용한다.

솜
니트 조직에서의 솜은 주로 구름솜을 사용한다.

줄자
길이를 측정하기 위한 도구다.

자수실과 바늘
단추를 달거나, 얼굴 표현하는데 사용한다. 십자수실이나 일반 바느질 실과 바늘을 사용하면 된다.

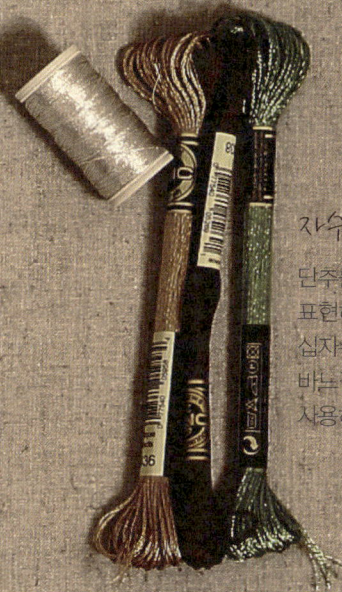

돗바늘
뜨개실을 바느질할 때 사용하는 코가 두꺼운 바늘이다.

단수핀
옷핀의 형태로 되어 있어, 니트 조직의 원하는 부분에 걸어두어 표시한다.

손뜨개 시침바늘
일반 시침바늘보다 두꺼운 바늘이다. 니트 조직을 임시로 고정할 때 사용한다.

코수링
코와 코 사이 바늘에 끼워 무늬를 넣거나 코와 코 사이를 표시할 때 사용한다.

게이지자
치수를 재어 편물의 게이지를 낼 때 사용하거나 대바늘의 두께를 측정할 때 사용한다.

인형눈
나사 형태와 단추 형태가 있다. 인형의 눈이나 장식을 위해 사용한다.

가위
실을 자를 때 사용하는 작은 가위다.

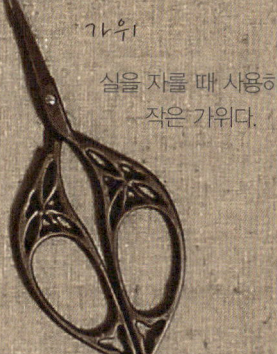

작품에 사용한 실 정보!

실 이름	실 성분
네코(Neko)	• 면(60%) + 소프트아크릴(30%) + 플랜트 익스트랙트(10%) • 대바늘 3.5~4.0 mm / 모사용 코바늘 4~5호 • 45 g
로즈 코튼(Rose cotton)	• 면 100%(저지 면사) • 대바늘 10.0~15.0 mm / 모사용 코바늘 10~12호 • 400 g
모어(Hand&Hand More)	• 면(100%) • 대바늘 3.5~4.0 mm / 모사용 코바늘 3~5호 • 60 g
보니(하마나카)	• 아크릴(100%) • 대바늘 4.0~5.0 mm • 50 g
빈센트 3ply(Vincent)	• 울(95%) + 소프트아크릴(5%) • 대바늘 2.5 mm / 모사용 코바늘 2~3호 • 60 g
비젼(Vision)	• 모(80%) + P.N(20%) • 대바늘 6.0~7.0 mm / 모사용 코바늘 5~6호 • 85 g
소프트 베베(Soft Bebe)	• 폴리(100%) • 대바늘 6.0~7.0 mm • 80 g
아이돌(I♥Doll)	• 면(70%) + 레이온(15%) + 아크릴(15%) • 대바늘 3.0~4.5 mm / 모사용 코바늘 4~6호 • 45 g
엑센트(Accent)	• 면(65%) + 실크(25%) + 아크릴(10%) • 대바늘 3.5~4.0 mm / 모사용 코바늘 4~5호 • 70 g
이지울(Easy Wool)	• 아크릴(80%) + 울(20%) • 대바늘 7.0 mm 이상 • 80 g
헤라코튼(Hera Cotton)	• 면(55%) + 아크릴(40%) + 울(5%) • 대바늘 2.5~3.5 mm / 모사용 코바늘 3~4호 • 45 g

기초 뜨개 기법

■ 대바늘 기법

시작코 만들기

1
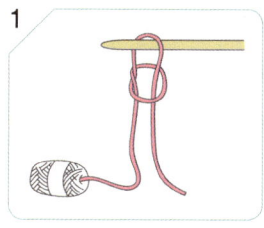
그림과 같이 고리를 만들어 바늘을 넣는다.

2
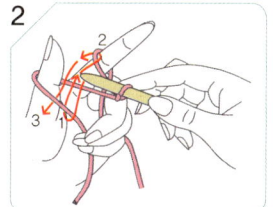
오른쪽 손으로 그림과 같이 실을 감아 ①→②→③ 순서대로 바늘에 실을 감는다.

3
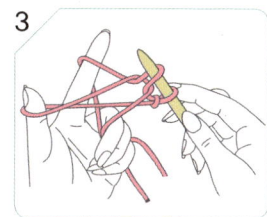
바늘에 실을 감아 뺀다.

4
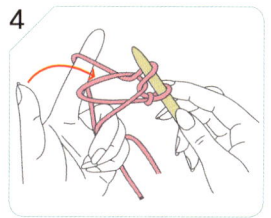
왼쪽 엄지손가락에 걸린 고리를 빼고, 실을 당긴다.

5
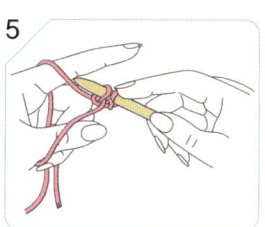
바늘에 코가 만들어진다. 2~4를 반복해서 코를 만든다.

코 만들기(겉뜨기 방법)

1
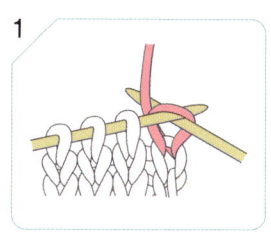
그림과 같이 첫 번째 코에서 실을 감아 빼고, 왼쪽 바늘의 코는 빼지 않는다.

2
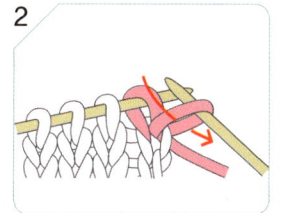
왼쪽 바늘을 오른쪽 바늘에 걸린 코에 화살표 방향으로 걸어준다.

3
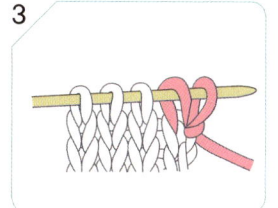
첫 번째 코에서 오른쪽으로 코가 늘어난다. 새로 만들어진 코에 1~2를 반복해서 뜬다.

□ 겉뜨기

1
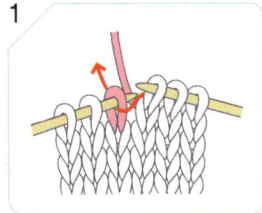
화살표 방향으로 오른쪽 바늘을 넣는다.

2
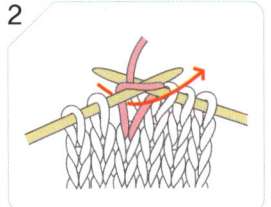
오른쪽 바늘에 반시계 방향으로 실을 감아 화살표 방향으로 바늘을 뺀다.

3
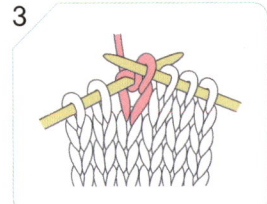
왼쪽 바늘에 걸린 코를 뺀다.

4
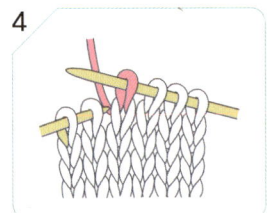
겉뜨기 1코 완성!

— 안뜨기

1
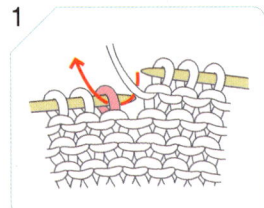
화살표 방향으로 오른쪽 바늘을 넣는다.

2
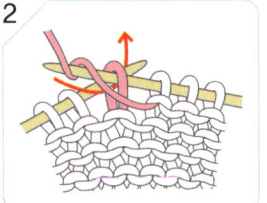
오른쪽 바늘에 반시계 방향으로 실을 감아 화살표 방향으로 바늘을 뺀다.

3
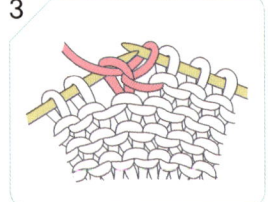
왼쪽 바늘에 걸린 코를 뺀다.

4
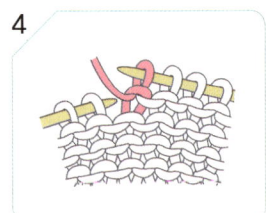
안뜨기 1코 완성!

⊞ 겉뜨기 늘리기(Kf&b)

1
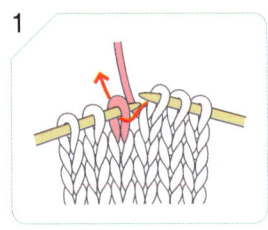
화살표 방향으로 오른쪽 바늘을 넣는다.

2
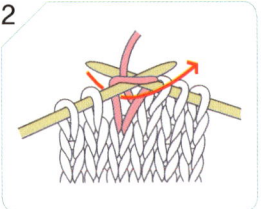
오른쪽 바늘에 반시계 방향으로 실을 감아 화살표 방향으로 바늘을 뺀다.

3
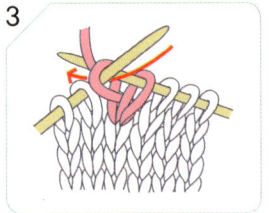
왼쪽 바늘에 걸린 코를 빼지 않고 화살표 방향처럼 뒤로 바늘을 다시 넣고 실을 감아 뺀 후, 왼쪽 바늘에 걸린 코를 뺀다.

4
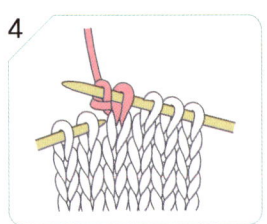
겉뜨기 1코에서 2코로 늘리기 완성!

⊢ 안뜨기 늘리기(Pf&b)

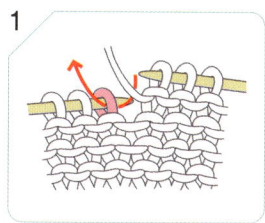
1
화살표 방향으로 오른쪽 바늘을 넣는다.

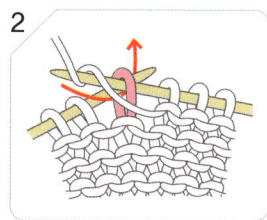
2
오른쪽 바늘에 반시계 방향으로 실을 감아 화살표 방향으로 바늘을 뺀다.

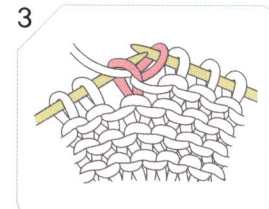
3
왼쪽 바늘에 걸린 코를 빼지 않는다.

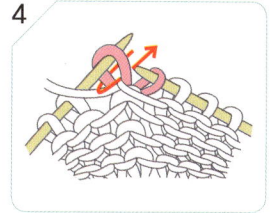
4
그림과 같이 오른쪽 바늘을 바깥쪽에서 안쪽으로 넣는다.

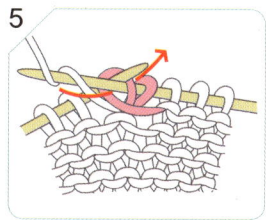
5
오른쪽 바늘을 왼쪽 바늘에서 빼지 않은 코의 뒤로 넣은 후 실을 감아 화살표 방향으로 뺀다.

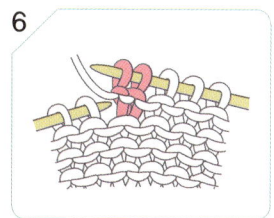
6
안뜨기 1코에서 2코로 늘리기 완성!

人 2코 모아뜨기(왼코 줄이기)

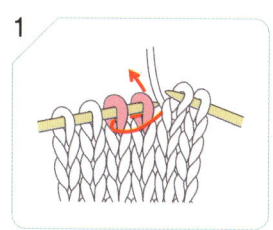
1
오른쪽 바늘을 화살표 방향으로 2코에 한꺼번에 넣는다.

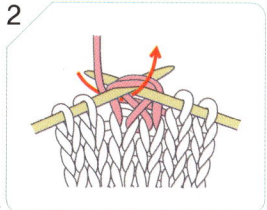
2
오른쪽 바늘에 실을 감아 화살표 방향으로 바늘을 뺀다.

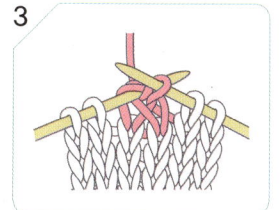
3
왼쪽 바늘에 걸린 코를 뺀다.

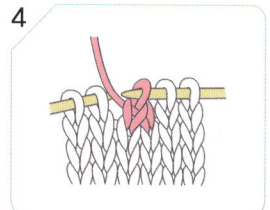
4
왼쪽 코가 위로 올라오면서 겉뜨기 2코가 1코가 된다.

⋋ 오른코 줄이기

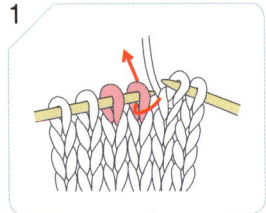 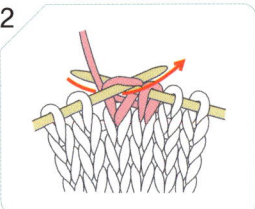 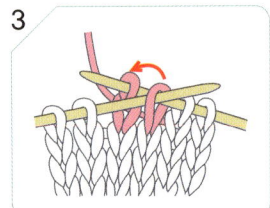 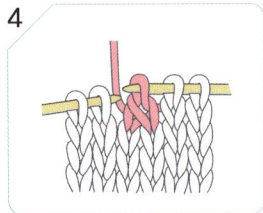

1. 오른쪽 바늘을 화살표 방향으로 넣어 1코를 오른쪽 바늘로 옮긴다(1코 걸러뜨기 한다).
2. 다음 1코를 겉뜨기한다.
3. 오른쪽 바늘에 걸러뜨기한 코를 겉뜨기한 코 위로 덮어씌운다.
4. 오른쪽 코가 위로 올라오면서 겉뜨기 2코가 1코가 된다.

⋋ 안뜨기로 2코 모아뜨기

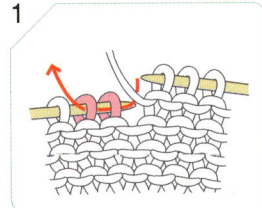 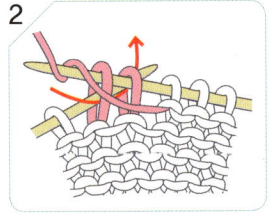 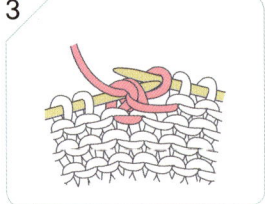

1. 오른쪽 바늘을 화살표 방향으로 2코에 한꺼번에 넣는다.
2. 오른쪽 바늘에 실을 반시계 방향으로 감아 화살표 방향으로 뺀다.
3. 왼쪽 바늘에 걸린 코를 뺀다.

⋋ 안뜨기로 2코 꼬아뜨기

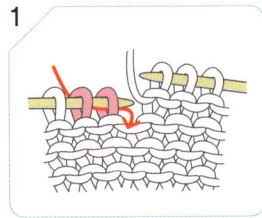 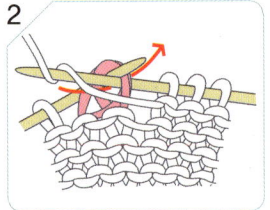 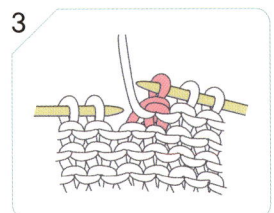

1. 바늘을 화살표 방향으로 왼쪽 바늘의 뒤쪽에서 앞으로 2코에 한꺼번에 넣는다.
2. 오른쪽 바늘에 실을 감아 화살표 방향으로 뺀다.
3. 안뜨기로 2코 꼬아뜨기 완성!

⋏ 왼코 3코 모아뜨기

1
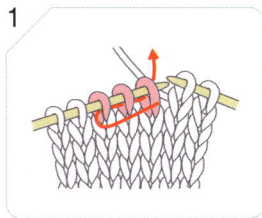
오른쪽 바늘을 화살표 방향으로 3코에 넣는다.

2
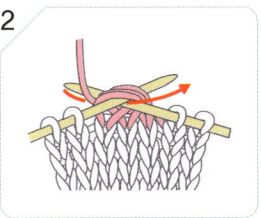
오른쪽 바늘에 실을 감아 화살표 방향으로 바늘을 뺀다.

3
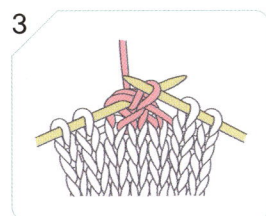
왼쪽 바늘에 걸린 3코를 뺀다.

4
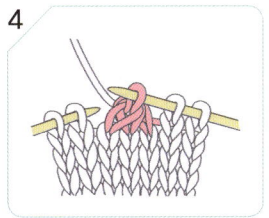
왼쪽 코가 위로 올라가는 모양이 나오고 3코가 1코로 줄어든다.

◎ 감아코 만들기

1
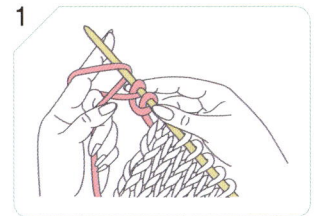
오른쪽 손으로 편물을 잡고 왼쪽 손 검지에 그림과 같이 실을 감은 후 오른쪽 바늘을 넣어 뺀다.

2
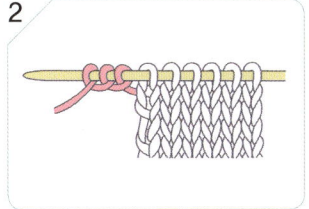
바늘에 감아코가 만들어진다.

∨ 겉뜨기로 걸러뜨기

1
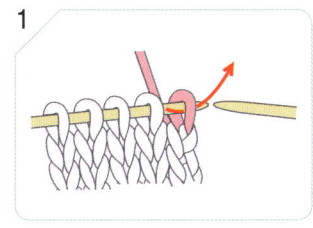
왼쪽 바늘에 있는 첫코를 화살표 방향으로 오른쪽 바늘로 옮긴다.

2
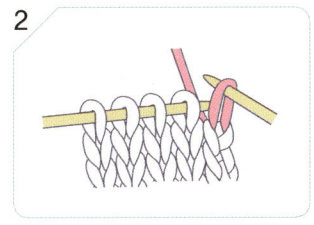
겉뜨기로 걸러뜨기 완성!

⋁ 안뜨기로 걸러뜨기

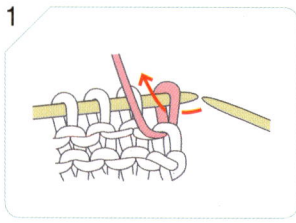

1

왼쪽 바늘에 있는 첫코를 화살표 방향으로 오른쪽 바늘로 옮긴다.

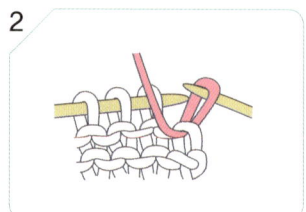

2

안뜨기로 걸러뜨기 완성!

● 겉뜨기 코막음

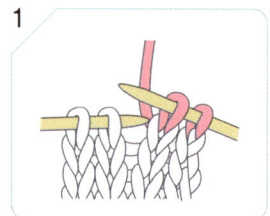

1

겉뜨기로 2코를 뜬다.

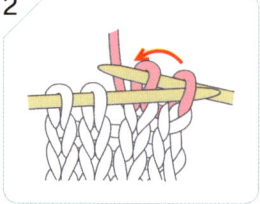

2

1번째 코에 2번째 코를 화살표 방향으로 덮어씌운다.

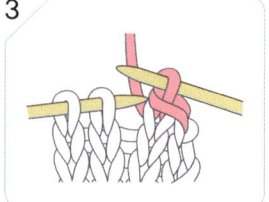

3

코막음 완성!

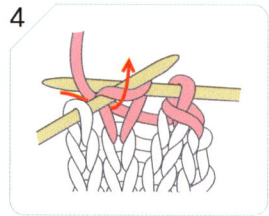

4

겉뜨기로 1코를 더 떠서 오른쪽 바늘에 2코가 되게 한다.
2~3을 반복한다.

메리야스 잇기

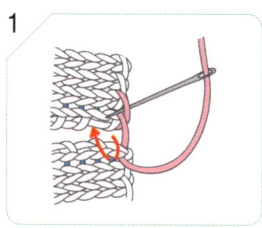

1

솔기의 겉과 겉면이 보이게 놓는다. 두 개의 편물 양 끝을 연결한다.

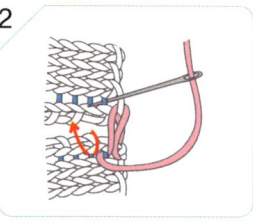

2

두 개의 편물을 번갈아가며 한 단씩 바느질한다. 반대편 편물로 바늘이 들어갈 때 실이 나온 부분으로 다시 넣는다.

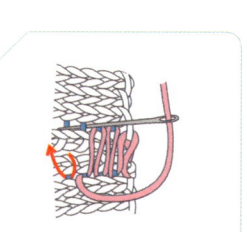

■ 코바늘 기법

⬭ 사슬뜨기

1
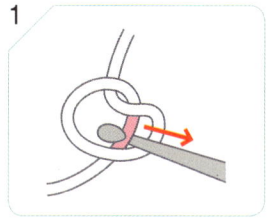
바늘을 화살표 방향으로 실에 걸어 뺀다.

2
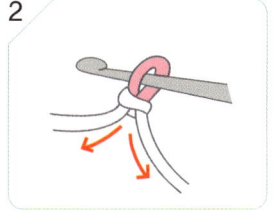
실 끝을 당겨 코를 조인다.

3
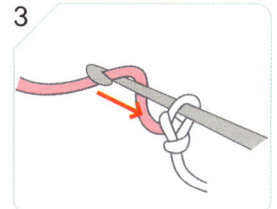
바늘을 실에 걸어 고리 속으로 뺀다.

4
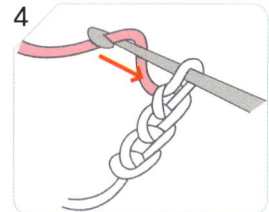
3을 반복하여 뜬다.

링 만들어 원형뜨기

1
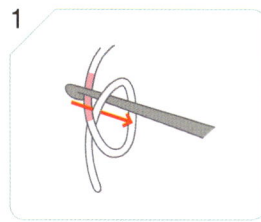
바늘을 화살표 방향으로 실에 걸어 뺀다.

2
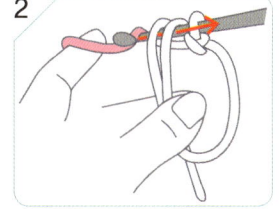
바늘을 실에 걸어 고리 안쪽으로 뺀다.

3
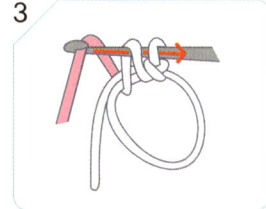
바늘을 실에 걸어 뺀다.

4
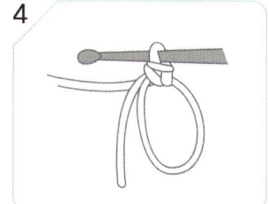
1코가 만들어진다.

5
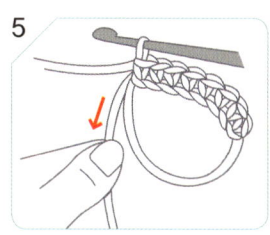
2~3을 반복하여 필요한 수만큼 코를 만든 후 화살표 방향으로 실을 당긴다.

6
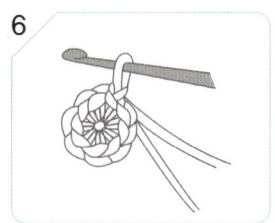
가운데 구멍이 생기지 않게 실을 당겨 완성한다.

사슬코 원형 만들기

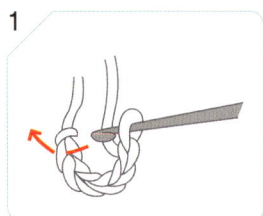

1. 사슬을 필요한 콧수만큼 만들고, 시작 코에 바늘을 화살표 방향으로 넣는다.

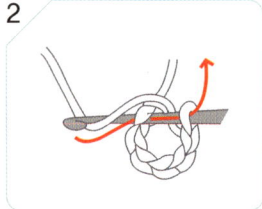

2. 바늘에 실을 1번 감아 화살표 방향으로 한번에 빼내 원형을 만든다.

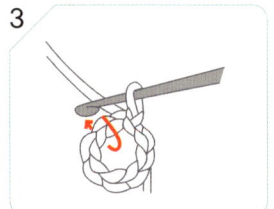

3. 원형 안에 바늘을 넣어 뜬다.

┼ = ╳ 짧은뜨기

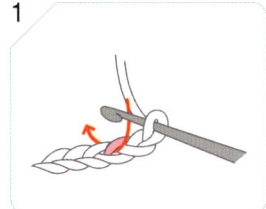

1. 바늘을 화살표 방향으로 넣는다.

2. 바늘에 실을 1번 감아 화살표 방향으로 뺀다.

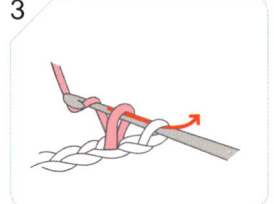

3. 바늘에 실을 1번 더 감아 그림처럼 2코를 통과시켜 한꺼번에 뺀다.

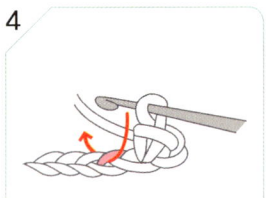

4. 1~3을 반복하여 뜬다.

T 긴뜨기

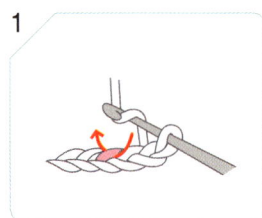

1. 바늘에 실을 1번 감아 화살표 방향으로 넣고 실을 걸어 뺀다.

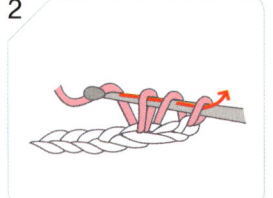

2. 바늘에 실을 걸어 화살표 방향으로 모든 코를 통과시켜 빼낸다.

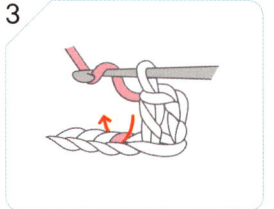

3. 1~2를 반복하여 코를 뜬다.

┬ 한길긴뜨기

1
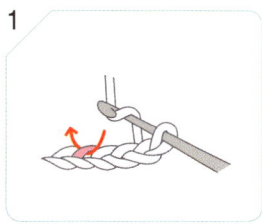
바늘에 실을 1번 감아 화살표 방향으로 넣고 실을 걸어 뺀다.

2
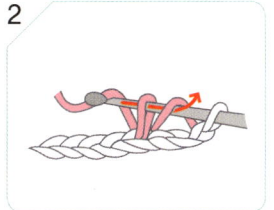
바늘을 실에 걸어 화살표 방향으로 2코를 통과켜 빼낸다.

3
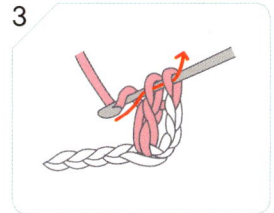
바늘에 실을 1번 더 감아 화살표 방향으로 2코를 통과시켜 빼낸다.

4
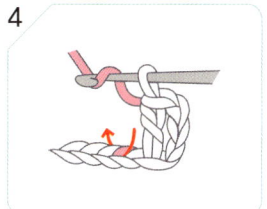
1~3을 반복하여 뜬다.

人 한길긴뜨기 2코 모아뜨기

1
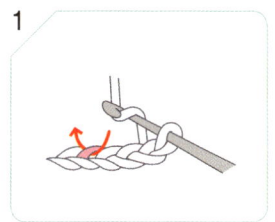
바늘에 실을 1번 감아 화살표 방향으로 넣고 실을 걸어 뺀다.

2
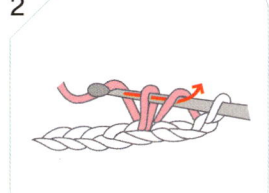
바늘을 실에 걸어 화살표 방향으로 2코를 통과시켜 뺀다.

3
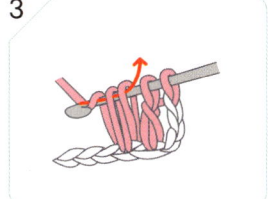
다음 코에 1~2를 반복한다. 바늘에는 3코가 걸려 있다.

4
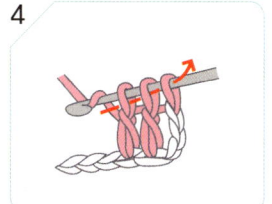
바늘을 실에 걸어 화살표 방향으로 3코를 통과하여 한꺼번에 빼낸다.

5
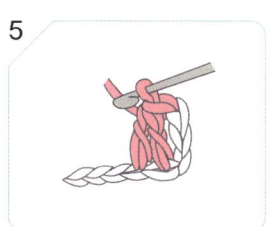
한길긴뜨기 2코 모아뜨기 완성!

⩔ 한길긴뜨기 늘리기

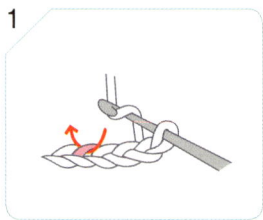

1
바늘에 실을 1번 감아 화살표 방향으로 넣고 실을 걸어 뺀다.

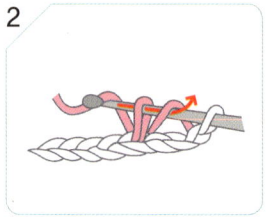

2
바늘을 실에 걸어 화살표 방향으로 2코를 통과시켜 뺀다.

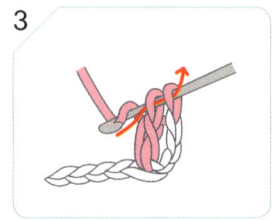

3
바늘에 실을 1번 감아 화살표 방향으로 2코를 통과시켜 뺀다.

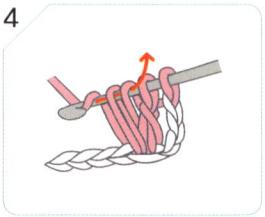

4
같은 코에서 1~2를 반복하고, 바늘을 실에 걸어 화살표 방향으로 2코를 통과시켜 빼낸다.

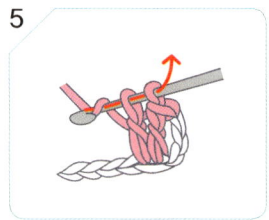

5
바늘을 실에 걸어 화살표 방향으로 2코를 통과시켜 한꺼번에 빼낸다.

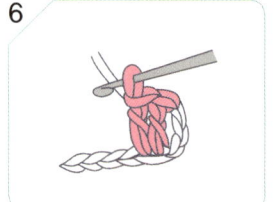

6
한길긴뜨기 늘리기 완성!

● 빼뜨기

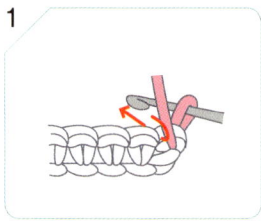

1
바늘을 화살표 방향으로 넣는다.

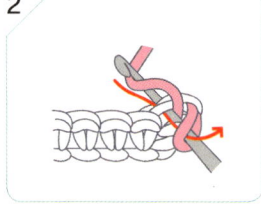

2
바늘을 실에 걸어 바늘에 걸린 코까지 한꺼번에 뺀다.

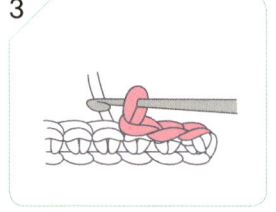

3
1~2를 반복하여 코를 만든다.

⚠ 짧은뜨기 줄이기

1
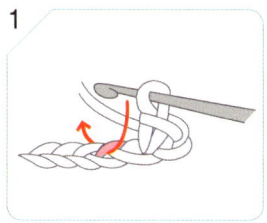
바늘을 화살표 방향으로 넣고 실을 걸어 뺀다.

2
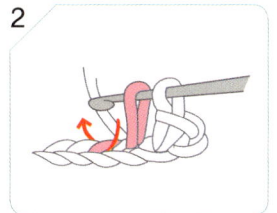
다음 코에 바늘을 화살표 방향으로 넣고 실을 걸어 뺀다.

3
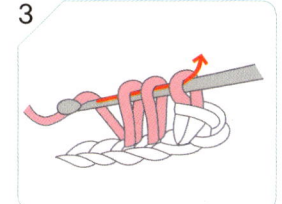
바늘을 실에 걸어 3코를 통과시켜 한꺼번에 빼낸다.

⚠ 짧은뜨기 늘리기

1
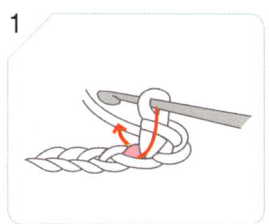
바늘을 화살표 방향으로 넣고 실에 걸어 뺀다.

2
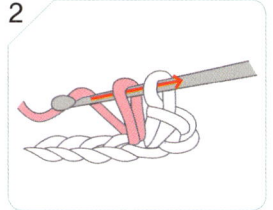
바늘을 실에 걸어 화살표 방향으로 뺀다.

3
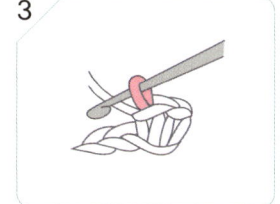
같은 코에서 1~2를 반복한다.

土 이랑뜨기

1
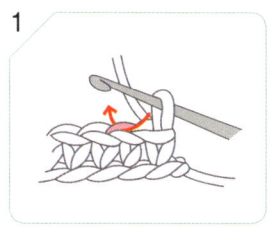
바늘을 코의 뒷부분(또는 앞부분, 하나의 고리에만)에 화살표 방향으로 넣고 실을 걸어 뺀다.

2
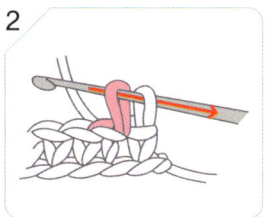
바늘을 실에 걸어 한꺼번에 뺀다.

⋎ 가운데 짧은뜨기

1
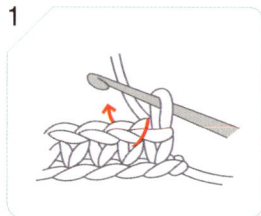
바늘을 화살표 방향으로 넣고 실을 걸어 뺀다.

2
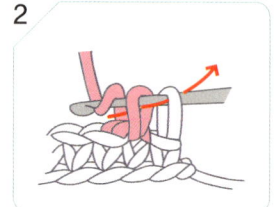
바늘에 실을 걸어 2코를 통과시켜 한꺼번에 빼낸다.

ㅜ 뒤걸어 짧은뜨기

1
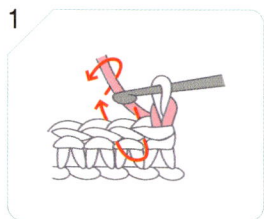
코바늘을 화살표 방향으로 넣고 앞단 기둥에 실을 걸어 뺀다.

2
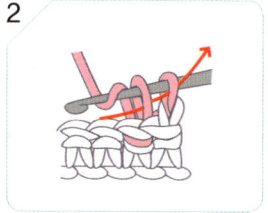
바늘을 실에 걸어 화살표 방향으로 모든 코를 통과시켜 빼낸다.

3
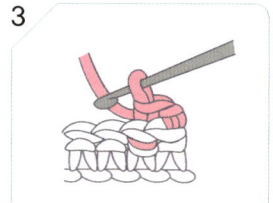
1~2를 반복한다.

ㅜ 되돌아 짧은뜨기

1
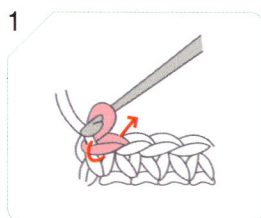
바늘을 화살표 방향으로 뒤쪽 코에 넣는다.

2
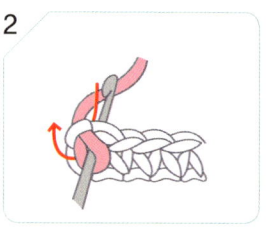
바늘을 실에 걸어 화살표 방향으로 뺀다.

3
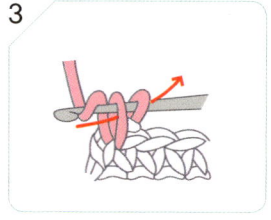
바늘을 실에 걸어 코를 통과시켜 한꺼번에 빼낸다.

4
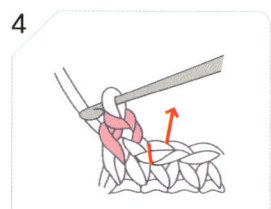
1~3을 반복하여 되돌아뜨기 한다.

배색하기(배색해야 하는 코 앞에서 배색)

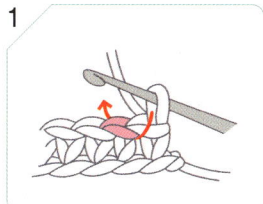

1
바늘을 화살표 방향으로 넣고, 실을 걸어 뺀다.

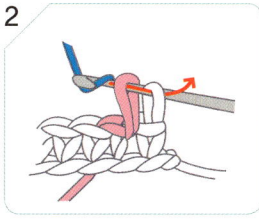

2
바늘에 배색실을 감아 화살표 방향으로 뺀다.

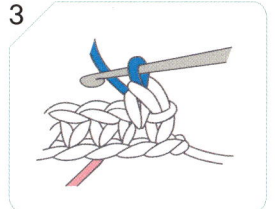

3
배색실이 연결된다.

뜨개 기법 약어

- **대바늘**

  겉뜨기 ⇨ 겉

  안뜨기 ⇨ 안

  안뜨기 늘리기 ⇨ 안 늘리기

  겉뜨기 늘리기 ⇨ 겉 늘리기

  1코 줄이기 ⇨ 줄이기

  1코 늘리기 ⇨ 늘리기

  안뜨기로 2코 모아뜨기 ⇨ 안 2코 모아뜨기

  안뜨기로 2코 꼬아뜨기 ⇨ 안 2코 꼬아뜨기

  감아코 만들기 ⇨ 감아코

  멍석뜨기 ⇨ 멍석

- **코바늘**

  사슬뜨기 ⇨ 사슬

  짧은뜨기 ⇨ 짧

  빼뜨기 ⇨ 빼

  긴뜨기 ⇨ 긴

  한길긴뜨기 ⇨ 한길긴

  두길긴뜨기 ⇨ 두길긴

  1코 줄이기 ⇨ 줄이기

  1코 늘리기 ⇨ 늘리기

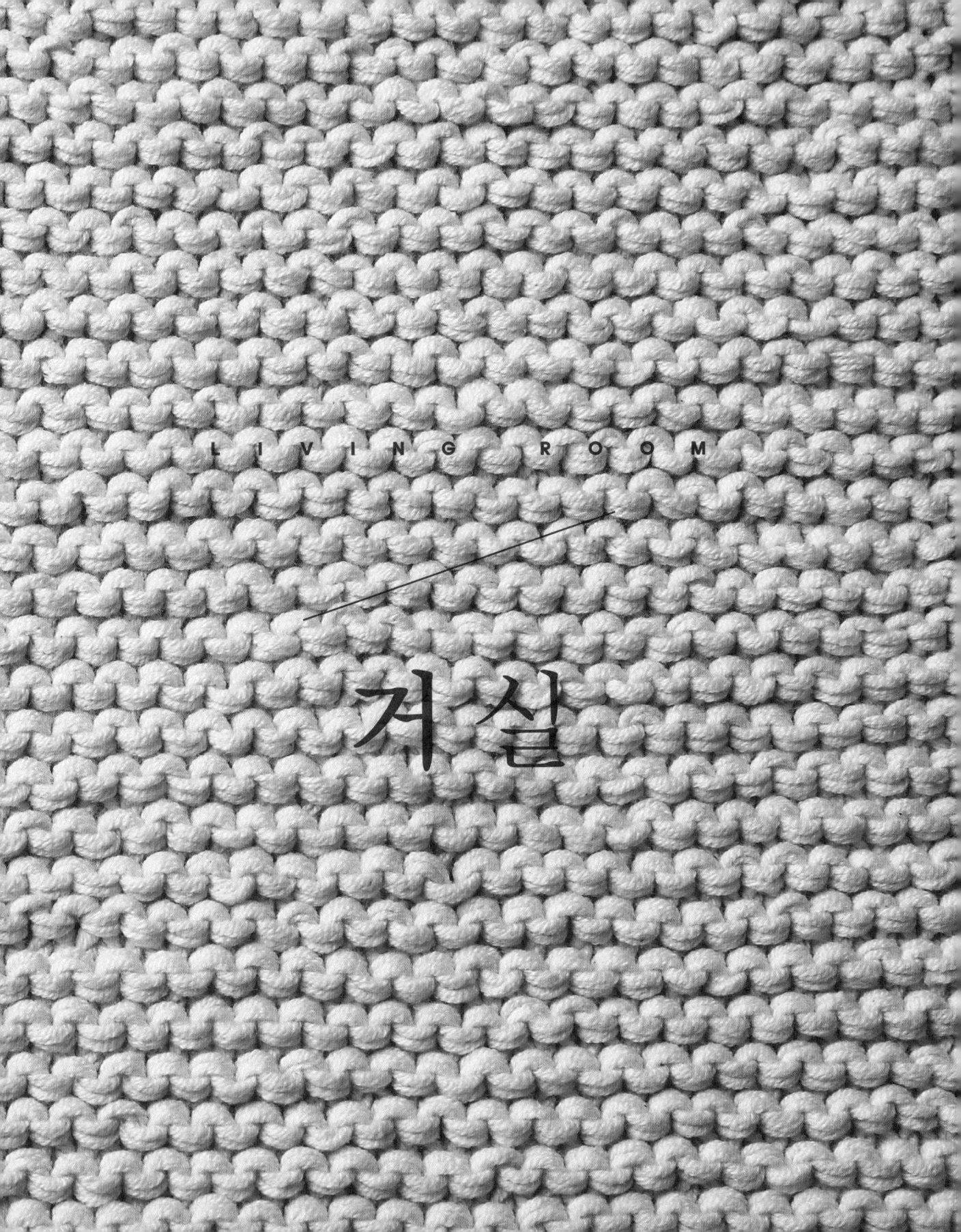

LIVING ROOM

거실

멍석무늬 쿠션

■ ■

완성 크기 ┃ 40×40 cm
사 용 실 ┃ 4 cm rose cotton(400 g)
　　　　　　베이지 2팩
사용 바늘 ┃ 대바늘 10.0 mm
사용 기법 ┃ 겉뜨기, 안뜨기(멍석뜨기)
게 이 지 ┃ 8코×11단
부 재 료 ┃ 40×40 cm 쿠션솜

멍석뜨기
80 cm
40 cm(33코)

도안

베이지 실로 33코를 만든다.

1단 : [겉 1, 안 1]×16, 겉 1

1단을 80cm가 될 때까지 뜨고 코막음한다.

(멍석뜨기 모양이 나온다)

조립

1. 겉면을 마주대고 반으로 접는다.
2. 양 옆선을 박음질한다.
3. 뒤집어서 쿠션솜을 넣고 감침질하여 마무리한다.

멍석뜨기

33　　30　　　　　　20　　　　　　10　　　　　1(코)　1(단)

※ 짝수단의 기호는 반대로 뜬다.

| 　겉뜨기

— 　안뜨기

따뜻한 햇살에 마음을 누이고 싶을 때
살며시 눈을 감고 쿠션을 가슴에
안아보세요. 쿠션의 포근함이 더욱더 따뜻하게
해줄 거예요. 정성 가득한 쿠션이라면 온도를
더 높여주겠죠.
아마도 마음까지 따뜻해질 거예요.

멍석 포인트 쿠션

..

완성 크기 ▎ 40×40 cm
사용 실 ▎ 4 cm rose cotton(400 g)
　　　　　 차콜 2팩
사용 바늘 ▎ 대바늘 10.0 mm
사용 기법 ▎ 겉뜨기, 안뜨기(메리야스뜨기,
　　　　　 멍석뜨기)
게 이 지 ▎ 8코×11단
부 재 료 ▎ 40×40 cm 쿠션솜

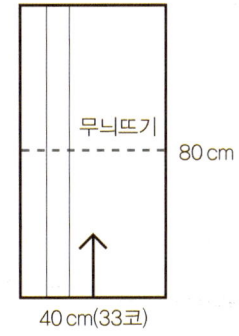

도안

차콜 실로 33코를 만든다.
1단 : 겉 19, [겉 1, 안 1]×3, 겉 1, 겉 7 〈33코〉
2단 : 안 7, [겉 1, 안 1]×3, 겉 1, 안 19
1~2단을 80 cm가 될 때까지 반복하고 코막음한다.

조립

1. 겉면을 마주대고 반으로 접는다.
2. 양 옆선을 박음질한다.
3. 뒤집어서 쿠션솜을 넣고 윗부분을 감침질하여 마무리한다.

> **TIP**
> 쿠션솜보다 1 cm 정도 작게 만들어주세요. 작게 만들어도 니트는 늘어나기 때문에 쿠션솜과 니트가 딱 맞아질 거예요.

무늬뜨기

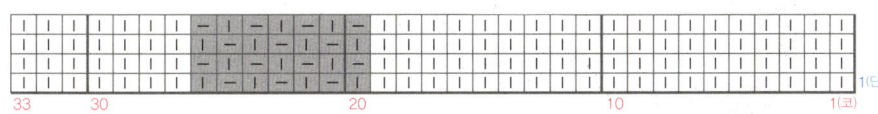

※ 짝수단의 기호는 반대로 뜬다.

| 겉뜨기
— 안뜨기

무늬나 특별한 디자인보다도 심플한
쿠션이 필요할 때가 있어요.
심플하면서도 눈에 띄는 쿠션이 갖고 싶을 땐
실 색깔을 좀 강한 걸로 선택해보세요.
화려한 듯하지만 화려하지 않은
부드러운 촉감의 쿠션 어때요?
잠잘 때 이용하기에도 딱 좋아요.

모던 포인트 쿠션

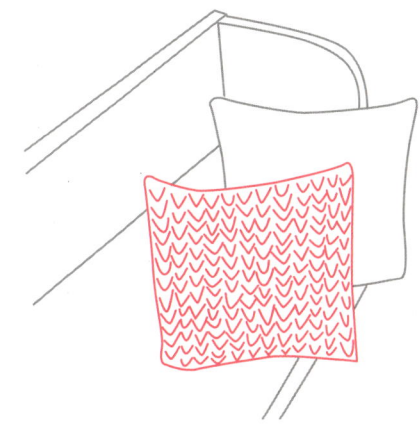

완성 크기 | 40×40 cm
사용 실 | 4 cm rose cotton(400 g)
　　　　　핫핑크 2팩
사용 바늘 | 대바늘 10.0 mm
사용 기법 | 겉뜨기, 안뜨기(메리야스뜨기)
게 이 지 | 8코×11단
부 재 료 | 40×40 cm 쿠션솜

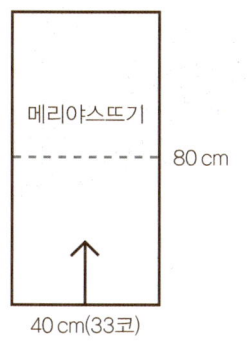

메리야스뜨기
80 cm
40 cm(33코)

도안

핫핑크 실로 33코를 만든다.

메리야스뜨기로 80 cm가 될 때까지 뜨고, 코막음한다.

조립

1. 겉면을 마주대고 반으로 접는다.
2. 양 옆선을 박음질한다.
3. 뒤집어서 쿠션솜을 넣고 감침질하여 마무리한다.

메리야스뜨기

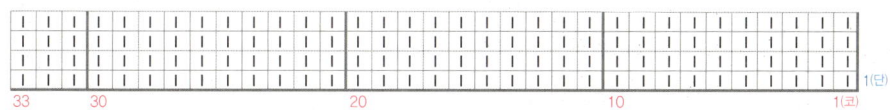

※ 짝수단의 기호는 반대로 뜬다.

| 겉뜨기
― 안뜨기

화려하지 않지만 소박한 멋이 있는
쿠션이에요. 만들기가 어렵지 않지만
고급스러운 디자인이에요.
앉을 때는 등받이로, 누울 때는 목 받침으로,
집에서나 사무실에서 쉴 때도 쿠션이 필요해요.
이런 쿠션은 선물하기에도 좋답니다.
만든 사람의 정성을 느끼면서 편리하게
사용할 수 있으니까요. 계절을 타지 않는 소재로,
간단한 뜨개 기법을 활용해 만들어보세요.

줄무늬 포인트 쿠션

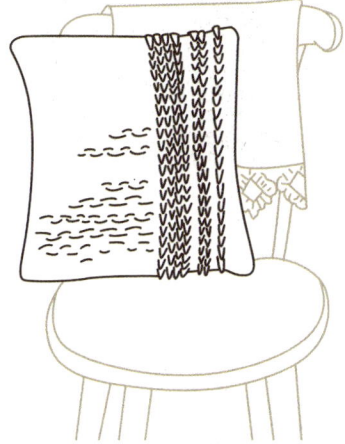

- 완성 크기 : 40×40 cm
- 사 용 실 : 4 cm rose cotton(400 g) 아이보리 2팩
- 사 용 바늘 : 대바늘 10.0 mm
- 사 용 기법 : 겉뜨기, 안뜨기(겉메리야스뜨기, 안메리야스뜨기)
- 게 이 지 : 8코×11단
- 부 재 료 : 40×40 cm 쿠션솜

도안

아이보리 실로 33코를 만든다.

1단 : 안 17, 겉 3, 안 2, 겉 2, 안 1, 겉 1, 안 7 〈33코〉

2단 : 겉 7, 안 1, 겉 1, 안 2, 겉 2, 안 3, 겉 17

1~2단을 80 cm가 될 때까지 반복하고, 코막음한다.

조립

1. 겉면을 마주대고 반으로 접는다.
2. 양 옆선을 박음질한다.
3. 뒤집어서 쿠션솜을 넣고 감침질하여 마무리한다.

※ 안감을 마주대고 반을 접어 양 옆선을 감침질해도 된다.

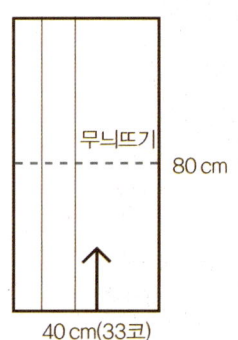

무늬뜨기
80 cm
40 cm(33코)

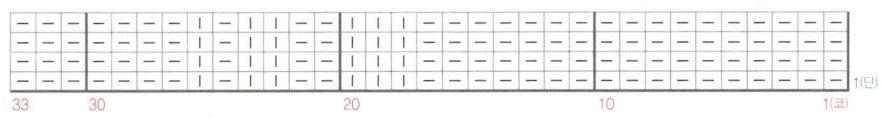

※ 짝수단의 기호는 반대로 뜬다.

| 겉뜨기
— 안뜨기

피곤한 다리의 피로를 풀어주기 위해서는 발을 (또는 종아리를) 조금 높이 올려주는 게 좋다고 해요.
그럴 때 쿠션은 작아서 발이 (또는 종아리가) 자꾸 떨어져서 다시 또 올려야 하는 귀찮음이 있었어요.
그래서 발을 편히 올려둘, 떨어질 염려가 없는 빅쿠션을 만들어봤어요. 넉넉한 크기의 빅쿠션은 피곤할 때 앉아있기에도 완벽하답니다.

원형 빅쿠션

완성 크기	지름 50 cm, 높이 25 cm
사 용 실	4 cm rose cotton(400 g) 아이보리 3팩, 핑크 ½팩
사용 바늘	코바늘 12 mm
사용 기법	한길긴뜨기, 빼뜨기, 뒤걸어 짧은뜨기, 짧은뜨기
부 재 료	지름 50 cm, 높이 25 cm 쿠션솜

윗면과 옆면

아이보리 실로 링을 만들어 원형코를 만든다.

한길긴뜨기 단의 시작은 사슬 3코로 하고, 단의 마지막은 빼뜨기 한다.

1단 : 한길긴뜨기 12코
2단 : [한길긴 늘리기, 사슬 1]×12 〈36코〉
3단 : [한길긴 2코 늘리기, 사슬 1]×12 〈48코〉

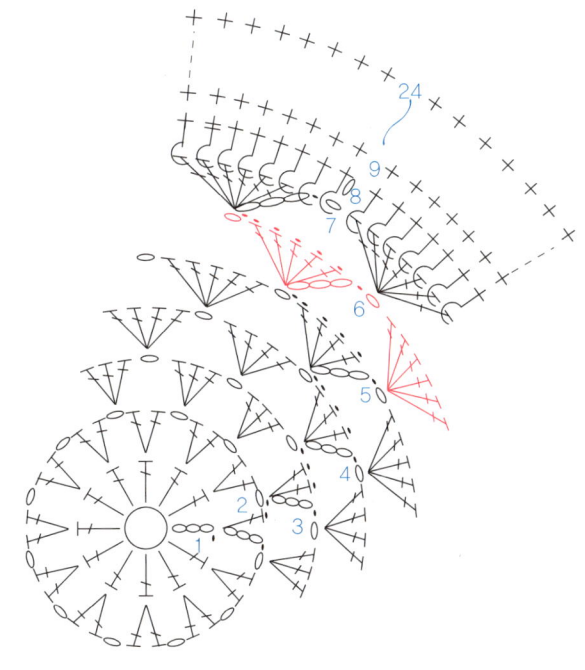

○ 사슬뜨기
+ = × 짧은뜨기
꾸 뒤걸어 짧은뜨기
干 한길긴뜨기
V 한길긴뜨기 늘리기
● 빼뜨기

TIP

8단의 사슬코에서의 뒷산부분을 걸어뜬다.

사슬에 뒤걸어 짧은뜨기

 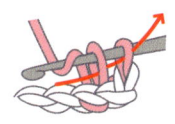 

1 바늘을 코와 코 사이에 화살표 방향으로 넣고 실을 걸어 뺀다.

2 바늘을 실에 걸어 바늘에 있는 모든 코에서 화살표 방향으로 뺀다.

3 1~2와 같은 방법으로 코를 만든다.

4단 : [한길긴 3코 늘리기, 사슬 1]×12 〈60코〉

5단 : [한길긴 4코 늘리기, 사슬 1]×12 〈72코〉

핑크 실로 바꾼다.

6단 : [한길긴 5코 늘리기, 사슬 1]×12 〈84코〉

아이보리 실로 바꾼다.

7단 : [한길긴 6코 늘리기, 사슬 1]×12 〈96코〉

옆면 시작

8단 : 사슬 1, 끝까지 뒤걸어 짧은뜨기

9~19단 : 짧은뜨기 11단(기둥코를 세우면서 뜬다)

핑크 실로 바꾼다.

20단 : 짧은뜨기 〈84코〉

아이보리 실로 바꾼다.

21~24단 : 짧은뜨기 4단 〈84코〉

아랫면

아이보리 실로 링을 만들어 원형코를 만든다.
윗면의 1~7단을 동일하게 뜬다.

조립

윗면과 옆면에 쿠션솜을 넣은 뒤 솜 위에 아랫면을 얹고(아랫면이 위로 올라오게 놓고), 아랫면 7번째 단과 옆면의 마지막단을 함께 핑크 실을 사용하여 빼뜨기로 연결한다.

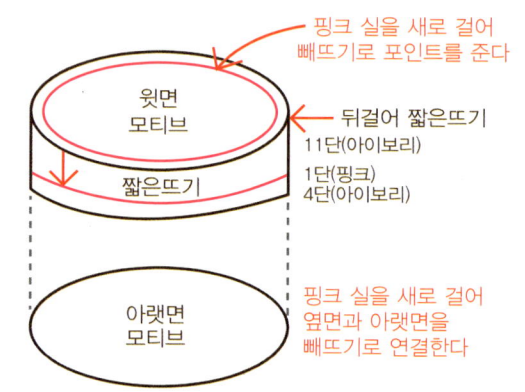

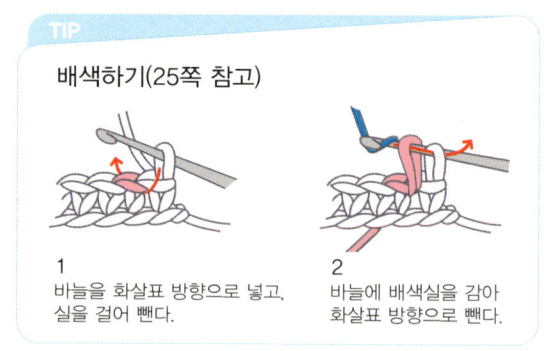

사각 빅쿠션

완성 크기 ┃ 50×50×25 cm
사용 실 ┃ 4 cm rose cotton(400 g)
        회색 4팩, 연노란색 1팩
사용 바늘 ┃ 코바늘 12.0 mm
사용 기법 ┃ 한길긴뜨기, 사슬뜨기, 빼뜨기,
          뒤걸어 짧은뜨기, 짧은뜨기

사각 모티브(윗면)와 옆면

회색 실로 사슬 6코를 만들어 원형코를 만든다.

한길길뜨기 단의 시작은 사슬 3코로 하고, 단의 마지막은 빼뜨기 한다.

1단 : [한길긴 3, 사슬 3]×4 (4무늬) 〈24코〉

※ 한길긴뜨기 3개, 사슬 3개가 하나의 무늬가 된다.

2단 : 첫 3개 사슬공간에 [한길긴 3, 사슬 3, 한길긴 3, 사슬 1]
      두 번째~네 번째 사슬공간에 [ ] 반복

3단 : [첫 3개의 사슬 공간에 (한길긴 3, 사슬 3, 한길긴 3, 사슬 1), 1개의 사슬공간에 (한길긴 3, 사슬 1)]
      두 번째~네 번째 사슬공간에 [ ] 반복 – 그림 도안 참고

4~7단 : 그림 도안을 참고하여 3단의 도안처럼 사슬 3, 사슬 1개의 공간에 색상을 바꾸면서 뜬다.
        (6단 : 연노란색, 7단 : 회색)

옆면 시작

8단 : 사슬 1, 끝까지 뒤걸어 짧은뜨기 〈120코〉
9~19단 : 짧은뜨기 11단(기둥코 세우면서 뜨기)

연노란색 실로 바꾼다.

20단 : 짧은뜨기 〈120코〉

회색 실로 바꾼다.

21~24단 : 짧은뜨기 4단

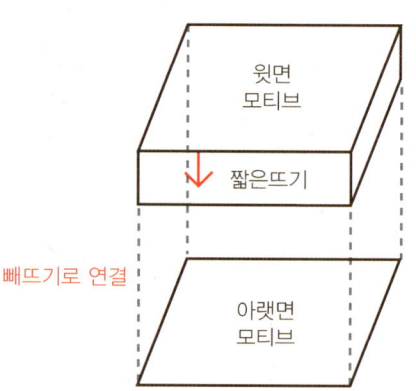

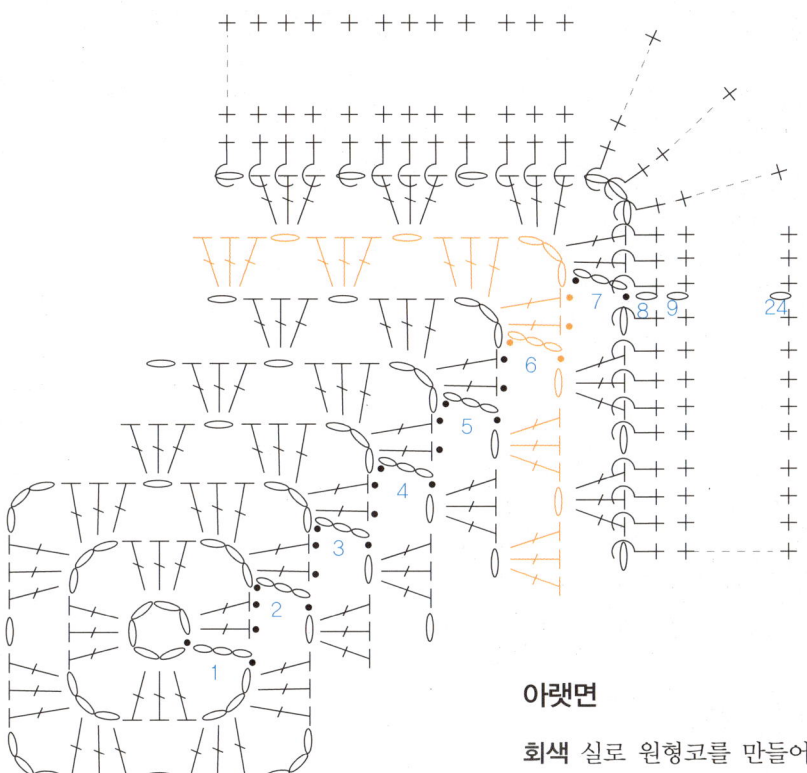

○ 사슬뜨기
十 = ✕ 짧은뜨기
⊥ 뒤걸어 짧은뜨기
⊤ 한길긴뜨기
● 빼뜨기

아랫면

회색 실로 원형코를 만들어 윗면의 1~7단과 동일하게 떠서 사각 모티브를 만든다.

조립

윗면과 옆면에 쿠션솜을 넣은 뒤 솜 위에 아랫면을 얹고 (아랫면이 위로 올라오게 놓고), 아랫면 7번째 단과 옆면의 마지막단을 함께 **연노란색** 실을 사용하여 빼뜨기로 연결한다.

TIP

8단의 사슬코에서의 뒷산부분을 걸어뜬다.

사슬에 뒤걸어 짧은뜨기

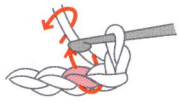

1
바늘을 코와 코 사이에 화살표 방향으로 넣고 실을 걸어 뺀다.

2
바늘을 실에 걸어 바늘에 있는 모든 코에서 화살표 방향으로 뺀다.

3
1~2와 같은 방법으로 코를 만든다.

43

이 블랭킷은 몸을 덮을 수 있는 크기로 소파에 몸을 뉘어 잠시 쉴 때 아주 유용해요. 뿐만 아니라 의자에 앉아 책을 보거나 뜨개질할 때 무릎을 덮을 수도 있고, 어깨에 두를 수도 있어요. 색깔이나 무늬가 유행을 타지 않아 오래토록 간직하며 사용할 수 있어요. 캠핑할 때도 야외에서 적절하게 쓰일 거예요.

대바늘 블랭킷

```
완성 크기 : 90×150 cm
사 용 실 : Easy Wool(60 g) 아이보리 9볼
사 용 바늘 : 대바늘 6 mm
사 용 기법 : 겉뜨기, 안뜨기, 실을 앞으로,
              2코 모아뜨기, 메리야스뜨기
게 이 지 : 16코×20단
```

아이보리 실로 141코를 만든다.

1~16단 : 겉뜨기(가터뜨기) 16단

A무늬
- 17단 : 겉뜨기
- 18단 : 겉 8, 8코 남을 때까지 안, 겉 8
- 19~52단 : [17~18단]×17

B무늬
- 53~56단 : 겉뜨기(가터뜨기) 4단
- 57단 : 겉 9, [실을 앞으로, 2코 모아뜨기]×8코 남을 때까지 반복, 겉 8
- 58~60단 : 겉뜨기(가터뜨기) 3단

61~280단 : [17~60단]×5
281~316단 : [17~52단]×1
317~332단 : 겉뜨기(가터뜨기) 16단
코막음한다.

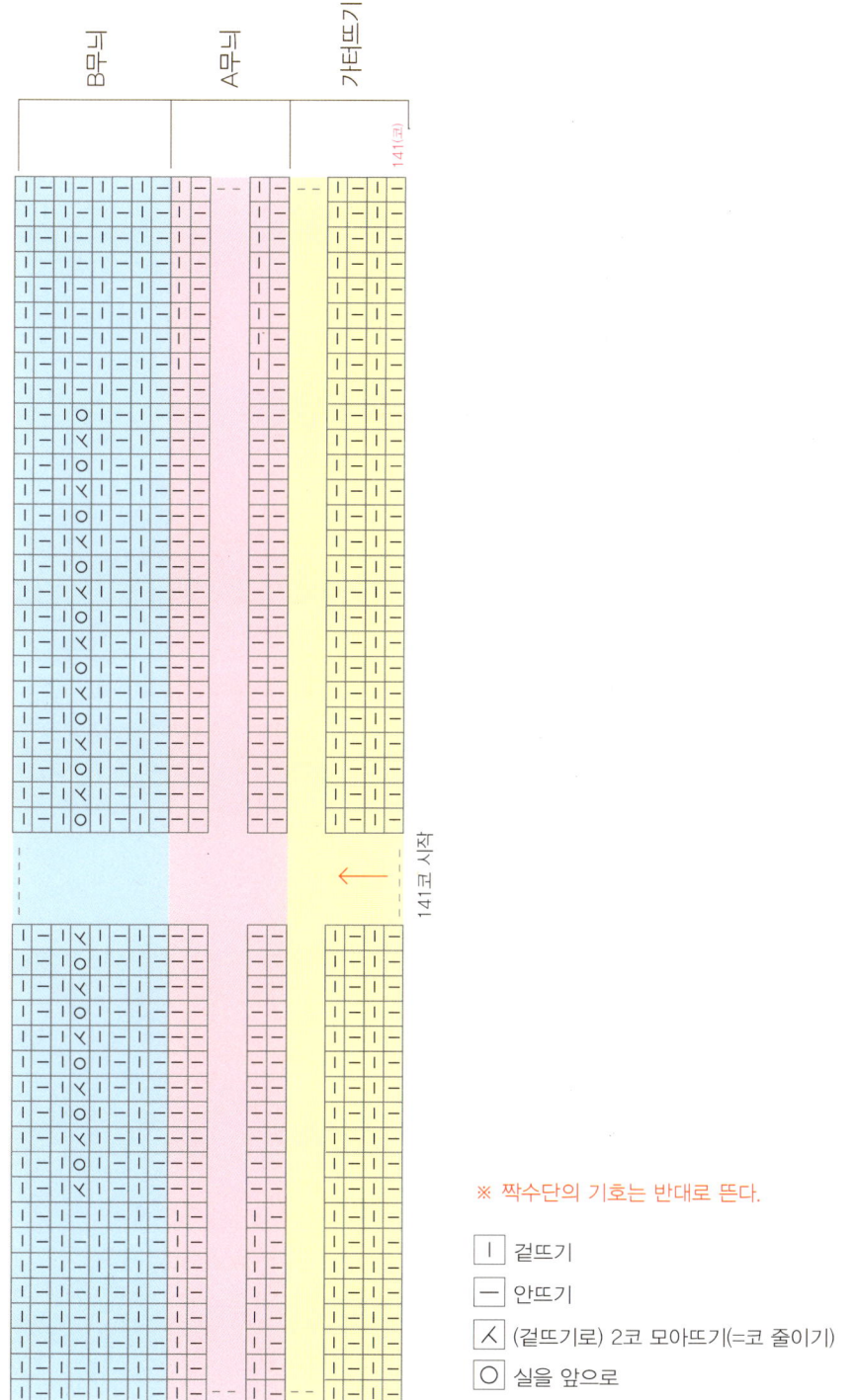

코바늘 블랭킷

완성 크기 : 90×150 cm
사용 실 : 네코(45 g) 440 딥그레이 19볼,
429 그레이 3볼,
401 화이트 1⅓볼
사용 바늘 : 코바늘 5호(3.0 mm)
사용 기법 : 짧은뜨기, 한길긴뜨기,
한길긴뜨기 교차뜨기, 사슬뜨기
게 이 지 : 17코×10단

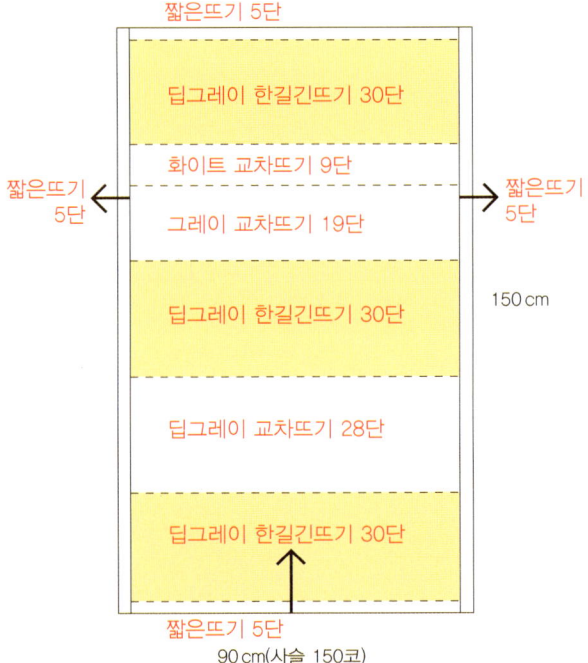

딥그레이 실로 사슬 150코를 만든다.
기둥코를 세우면서 평면뜨기 한다.
1~5단 : 짧은뜨기 5단
6~35단 : 한길긴뜨기 30단
36~63단 : 교차뜨기 28단
67~93단 : 한길긴뜨기 30단
그레이 실로 바꾼다.
94~112단 : 교차뜨기 19단
화이트 실로 바꾼다.
113~121단 : 교차뜨기 9단
딥그레이 실로 바꾼다.
122~151단 : 한길긴뜨기 30단
152~156단 : 짧은뜨기 5단

양옆 테두리

딥그레이 실을 연결한다.
1~5단 : 짧은뜨기
실을 정리한다.

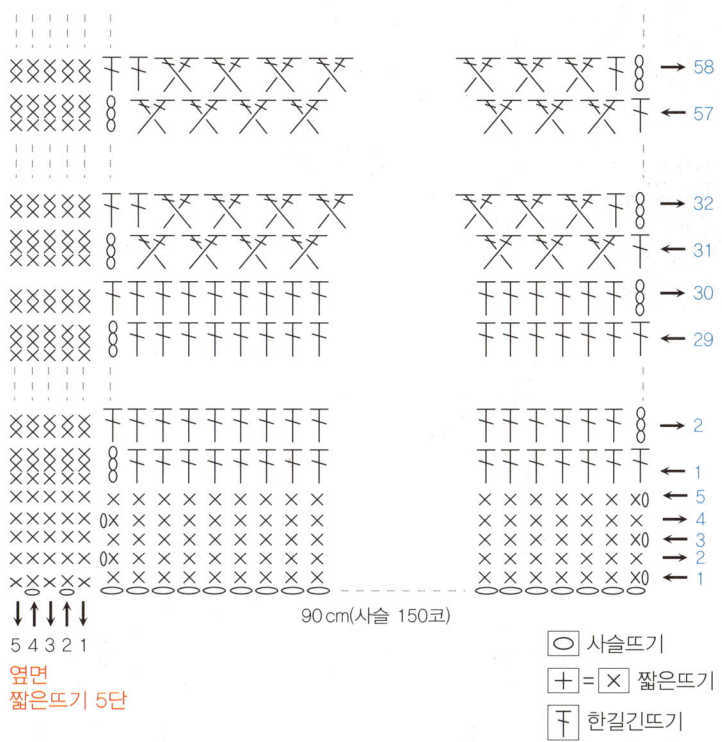

90 cm(사슬 150코)

5 4 3 2 1
옆면
짧은뜨기 5단

○ 사슬뜨기
+ = × 짧은뜨기
T 한길긴뜨기

TIP

한길긴뜨기 교차뜨기

1, 2번 코 순서로 순차적으로 뜨지 않고 2번, 1번의 순서로 뜨는 방법이다. 한길긴뜨기를 하면서 두 코 단위로 순서를 바꾸면서 뜬다.

바구니(대)

완성 크기 | 40×40×14 cm
사용 실 | 4 cm rose cotton(400 g)
       아이보리 4팩
사용 바늘 | 대바늘 8.0 mm
사용 기법 | 겉뜨기, 2코 모아뜨기
게 이 지 | 가터뜨기 10.5코×19단

바닥

아이보리 실로 126코를 만든다.

1단 : 겉뜨기

2단 : [겉 19, 2코 모아뜨기]×6 〈120코〉

3~33단 : 홀수단은 겉뜨기

4단 : [겉 18, 2코 모아뜨기]×6 〈114코〉

6단 : [겉 17, 2코 모아뜨기]×6 〈108코〉

8단 : [겉 16, 2코 모아뜨기]×6 〈102코〉

10단 : [겉 15, 2코 모아뜨기]×6 〈96코〉

12단 : [겉 14, 2코 모아뜨기]×6 〈90코〉

14단 : [겉 13, 2코 모아뜨기]×6 〈84코〉

16단 : [겉 12, 2코 모아뜨기]×6 〈78코〉

18단 : [겉 11, 2코 모아뜨기]×6 〈72코〉

20단 : [겉 10, 2코 모아뜨기]×6 〈66코〉

22단 : [겉 9, 2코 모아뜨기]×6 〈60코〉

24단 : [겉 8, 2코 모아뜨기]×6 〈54코〉

26단 : [겉 7, 2코 모아뜨기]×6 〈48코〉

28단 : [겉 6, 2코 모아뜨기]×6 〈42코〉

30단 : [겉 5, 2코 모아뜨기]×6 〈36코〉

32단 : [겉 4, 2코 모아뜨기]×6 〈30코〉

34단 : [겉 3, 2코 모아뜨기]×6 〈24코〉

35단 : [겉 2, 2코 모아뜨기]×6 〈18코〉

36단 : [겉 1, 2코 모아뜨기]×6 〈12코〉

37단 : 2코 모아뜨기×6 〈6코〉

돗바늘로 마무리한다.

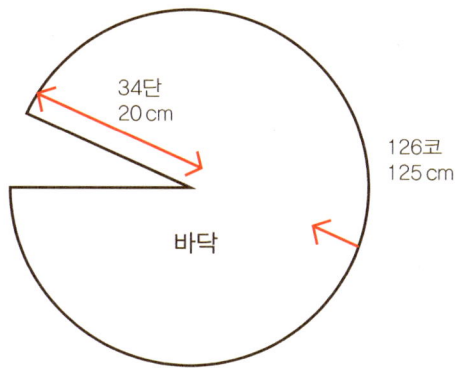

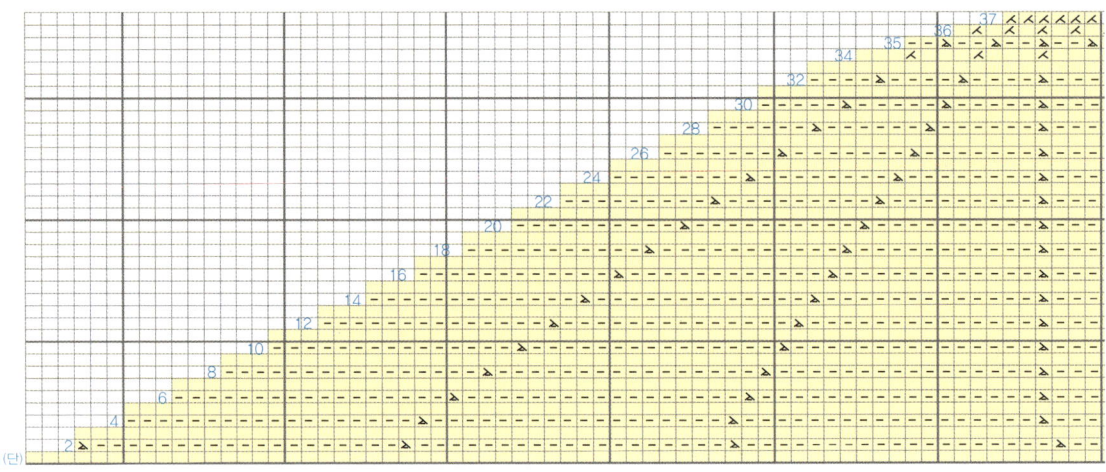

※ 짝수단의 기호는 반대로 뜬다.

|｜| 겉뜨기

⅄ 안뜨기로 2코 꼬아뜨기 → 반대기호 人 2코 모아뜨기(=코줄이기)

옆면

아이보리 실로 25코를 만든다.

겉뜨기로 252단 뜬다.

코막음한다.

조립

1. 바닥을 감침질하여 원의 모양을 만든다.
2. 옆면의 시작단과 코막음 단을 감침질로 연결한다.
3. 옆면과 바닥을 감침질로 연결한다.
4. 위에서부터 8 cm 선을 기준으로 밖으로 접는다.

옆면(가터뜨기)

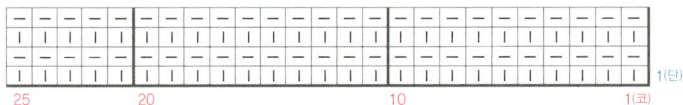

※ 짝수단의 기호는 반대로 뜬다.

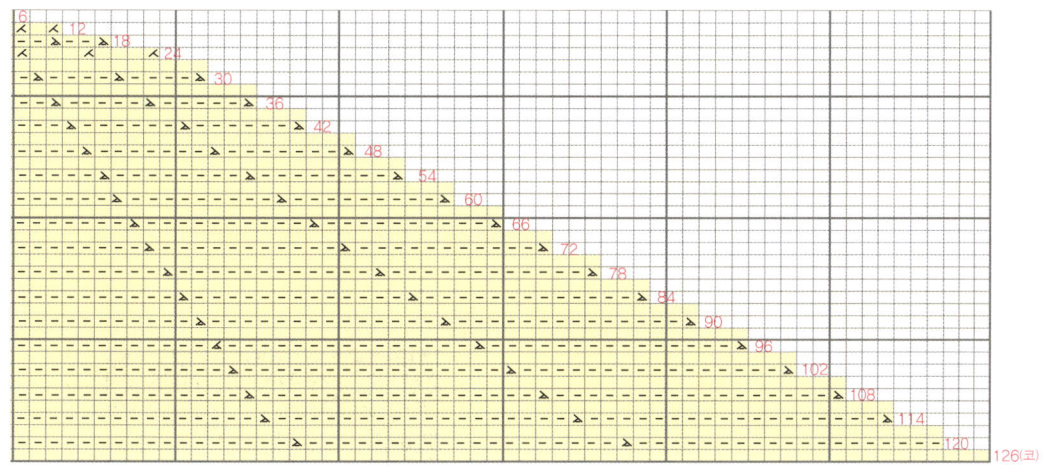

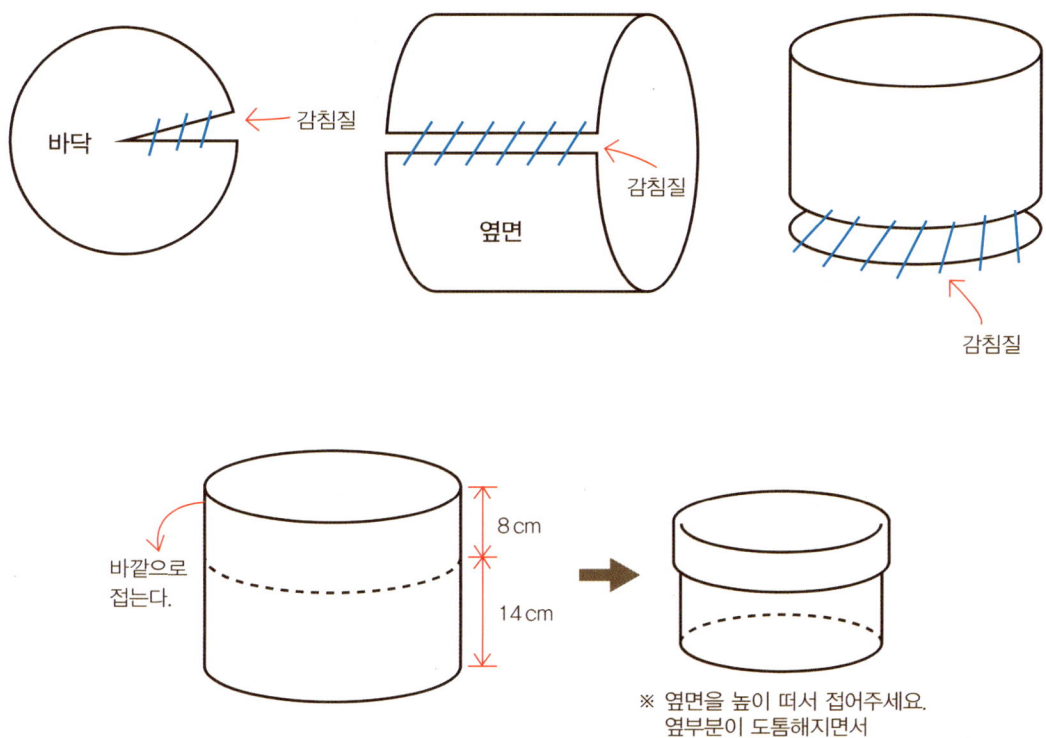

※ 옆면을 높이 떠서 접어주세요.
옆부분이 도톰해지면서
지지대 역할을 해요.

바구니(소)

완성 크기	28×28×32 cm
사 용 실	4 cm rose cotton(400 g) 아이보리 3팩
사용 바늘	대바늘 8.0 mm
사용 기법	겉뜨기, 2코 모아뜨기
게 이 지	가터뜨기 10.5코×19단

바닥

아이보리 실로 84코를 만든다.
바구니(대)의 15단부터 끝까지 뜬다.

옆면

아이보리 실로 33코를 만든다.
겉뜨기로 168단 뜬다.
코막음한다.

조립

1. 바닥을 감침질하여 원의 모양을 만든다.
2. 옆면의 시작단과 코막음 단을 감침질로 연결한다.
3. 옆면과 바닥을 감침질로 연결한다.
4. 위에서부터 8 cm 선을 기준으로 밖으로 접는다.

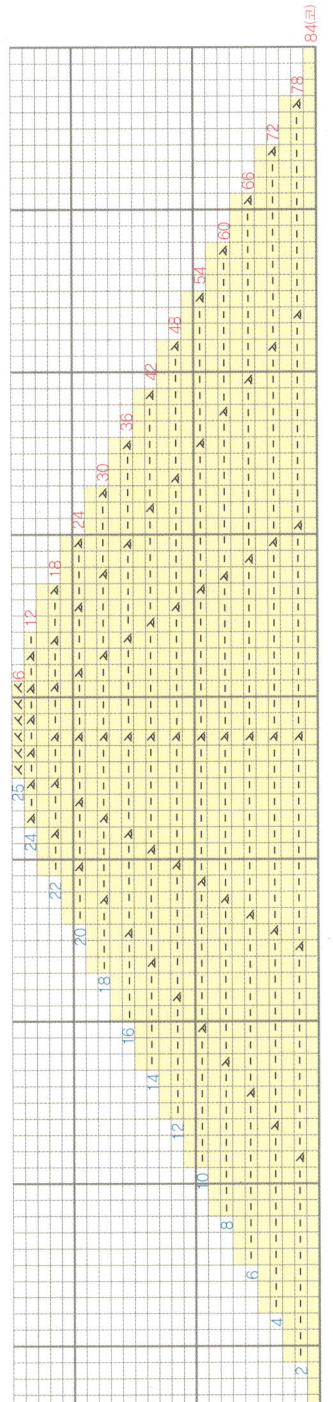

외출하고 돌아와서 소파에 스마트폰, 테이블에 시계, 바닥에 리모콘… 정리가 어렵다면 거실 테이블에 플레이트를 놓아보세요. 니트로 사각 플레이트를 만들어 정리했더니 리모컨이 어디 있는지, 분명 여기 어디쯤 둔 것 같은데 못 찾는 시계를 찾아 헤매지 않아도 돼요. 이 플레이트에 두면, 단번에 찾을 수 있으니까요. 계절별로 분위기 연출을 위해 미니 화분을 함께 둬도 좋을 거예요.

사각 플레이트

완성 크기 ┃ 25×35×4 cm
사용 실 ┃ 4 cm rse cotton(400 g)
진회색 2팩
사용 바늘 ┃ 대바늘 8.0 mm
사용 기법 ┃ 겉뜨기(가터뜨기)
게 이 지 ┃ 10.5코×19단

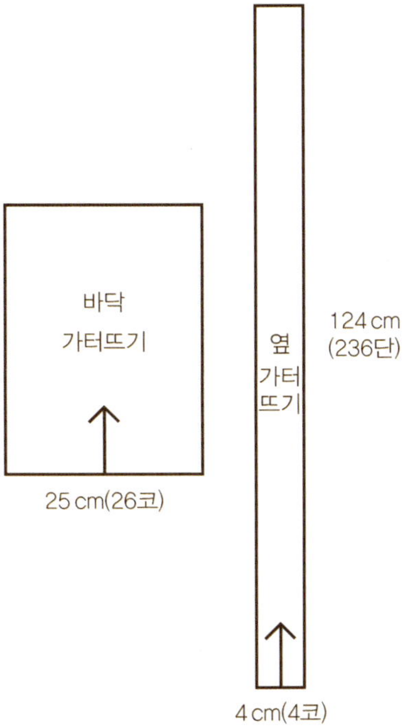

바닥

진회색 실로 26코를 만든다.

1~66단 : 겉뜨기

코막음한다.

옆면

진회색 실로 4코를 만든다.

1~124단 : 겉뜨기

코막음한다.

조립

1. 옆면의 시작단과 마지막단을 바느질한다.
2. 바닥의 4면을 따라 옆면의 단 끝부분을 감침질한다.
3. 사각형의 형태를 유지하도록 옆면 윗부분 실을 돗바늘에 꿰어 홈질하듯 가터 옆부분을 바느질하여 살짝 오므리듯 당겨준다.

바닥
가터뜨기
25 cm(26코)

옆
가터
뜨기
124 cm
(236단)
4 cm(4코)

가터뜨기

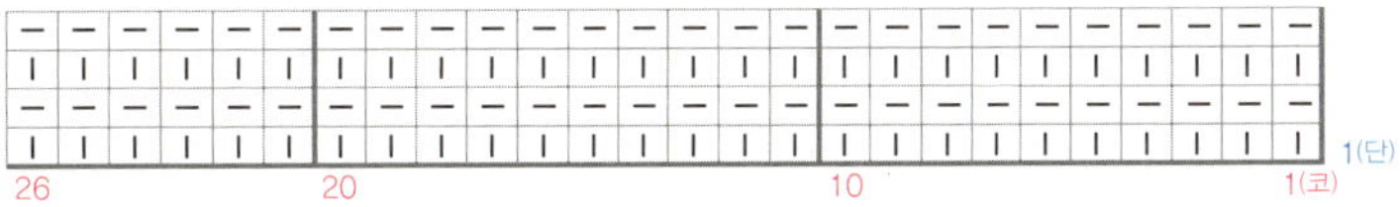

※ 짝수단의 기호는 반대로 뜬다.

| 겉뜨기
― 안뜨기

평범한 옷차림이라도 개성 있는 액세서리와 함께하면 분위기는 바로 달라져요. 흔히 볼 수 있는 것보다는 나만의 개성 있는 손뜨개 팔찌를 해보는 건 어떨까요? 마음에 드는 색깔의 실을 골라 대바늘로 한 코 한 코 정성스레 떠보세요. 아름다움을 더하고 싶다면, 비즈를 활용해도 좋아요. 기성품과는 또 다른 매력이 있는 팔찌는 당신을 돋보이게 할 거예요.

손뜨개 비즈 팔찌

완성 크기	(잠금 장식 제외) 17.5 cm
사용 실	헤라코튼(45 g) 208 검정색 ½볼
사용 바늘	대바늘 2.5 mm
사용 기법	겉뜨기, 안뜨기(가터뜨기, 멍석뜨기)
게 이 지	멍석뜨기 27.5코×47단 가터뜨기 26코×46단
부 재 료	잠금 장식, O링 2개, 3 mm 플라스틱 진주

도안

검정색 실로 11코를 만든다.

1단(겉) : 겉 2, 걸러뜨기 1(안뜨기 방향), [겉 1, 안 1]×2, 겉 1, 걸러뜨기 1(안뜨기 방향), 겉 2

2단 : 겉 2, 안 1, [겉 1, 안 1]×2, 겉 1, 안 1, 겉 2

1~2단을 17.5 cm가 될 때까지 뜬다. 단, 마지막단은 1단으로 끝나야 한다.

돗바늘 마무리한다.

조립

1. 걸러뜨기한 부분을 접어 안쪽 중심을 감침질한다.
2. 시작단은 돗바늘에 실을 꿰어 감침질한 후 잡아당겨 돗바늘 마무리의 모양처럼 오므려준다.
3. 한쪽 끝에는 O링과 잠금 장식을, 반대쪽에는 O링을 단다.
4. 멍석뜨기 무늬의 가운데 안뜨기 단 사이사이에 플라스틱 진주를 바느질하여 장식한다.

| 겉뜨기
— 안뜨기

아이코드 팔찌

완성 크기	(고리 제외) 36.5 cm
사 용 실	헤라코튼(45 g) 232 올리브, 201 흰색, 236 그라스그린 조금씩
사 용 바 늘	대바늘 2.5 mm
사 용 기 법	아이코드뜨기
부 재 료	갈고리(hook) 장식

도안

그라스그린 실로 4코를 만든다.

아이코드로 약 14.5 cm까지 뜬다. 올리브 실로 바꿔서 6.5 cm, 흰색 실로 3 cm, 올리브 실로 1.5 cm, 흰색 실로 2.5 cm, 그라스그린 실로 10.5 cm 각각 뜬다.

돗바늘 마무리한다.

조립

1. 끝부분 4 cm를 접어 고리 형태로 만들어서 바느질로 고정한다.
2. 시작 부분에 갈고리 형태의 고리를 순간접착제로 붙인다.
3. 팔찌의 길이는 아이코드의 단수로 조절할 수 있다.

TIP

아이코드뜨기

1. 코를 잡아 겉뜨기한다.
2. 편물을 돌리지 않고 오른쪽 바늘 끝으로 보낸다(원형뜨기).
3. 오른쪽 첫 번째 코에 바늘을 넣고 왼쪽 바늘 끝에 걸려있는 실을 단단히 잡아 당겨 겉뜨기한다.
4. 반복해서 원하는 길이만큼 뜬다.

책에 북커버를 씌우듯이 좋아하는 물건을
소중히 여기는 마음으로, 노트북이나
휴대폰에도 옷을 입혀보세요.
뜨개 옷을 입히면 들고 다닐 때 스크래치
날까봐 걱정하던 마음을 줄일 수 있어요.
또 패션 아이템이 하나 늘어나기도 해요.
휴대폰 커버에는 카드도 넣을 수 있게
만들었어요.
참 편리하고 실속 있는 커버에요.

지그재그 배색패턴 노트북 커버

완성 크기 ┃ 29×21.5 cm
사용 실 ┃ 헤라코튼(45 g) 226 하늘색 1볼, 201 흰색 2볼
사용 바늘 ┃ 코바늘 4호(2.5 mm)
사용 기법 ┃ 짧은뜨기, 빼뜨기, 원형 배색, 사슬뜨기
게 이 지 ┃ 5코 배색(5의 배수로 제작)

> **TIP**
> 소장하고 있는 노트북의 크기보다 약 1~2 cm 작게 떠야 해요. 손뜨개의 특성상 늘어나는 성질이 있어, 약간 작게 뜬 후 노트북에 씌우면, 별도의 지퍼나 잠금장치를 하지 않아도 딱 맞게 씌워 멋스럽게 사용할 수 있어요!

도안

흰색 실로 사슬 75코를 만든다. (5의 배수로 코만들기)

사슬 75코를 따라 빼뜨기 1줄을 뜬 후, 사슬의 빼뜨기한 반대편으로 빼뜨기 1줄을 뜬다. 총 150코를 만든다.

※ 처음 만든 사슬 양쪽으로 빼뜨기 한 곳에서 뜨기 시작한다.

각 단의 처음은 기둥코를 세우면서 뜨고, 각 단의 마지막은 빼뜨기로 연결한다.

1~11단 : 짧은뜨기 〈150코〉

12~20단 : 그림처럼 배색하면서 짧은뜨기

흰색 실로 바꾼다.

21~57단 : 짧은뜨기

하늘색 실로 바꾼다.

58~61단 : 짧은뜨기

61단을 따라서 빼뜨기 1단을 뜬다.

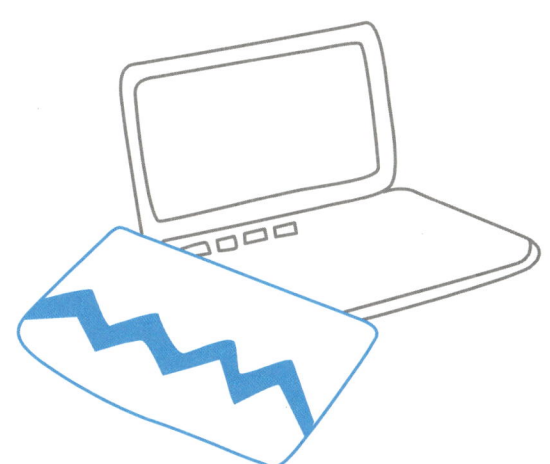

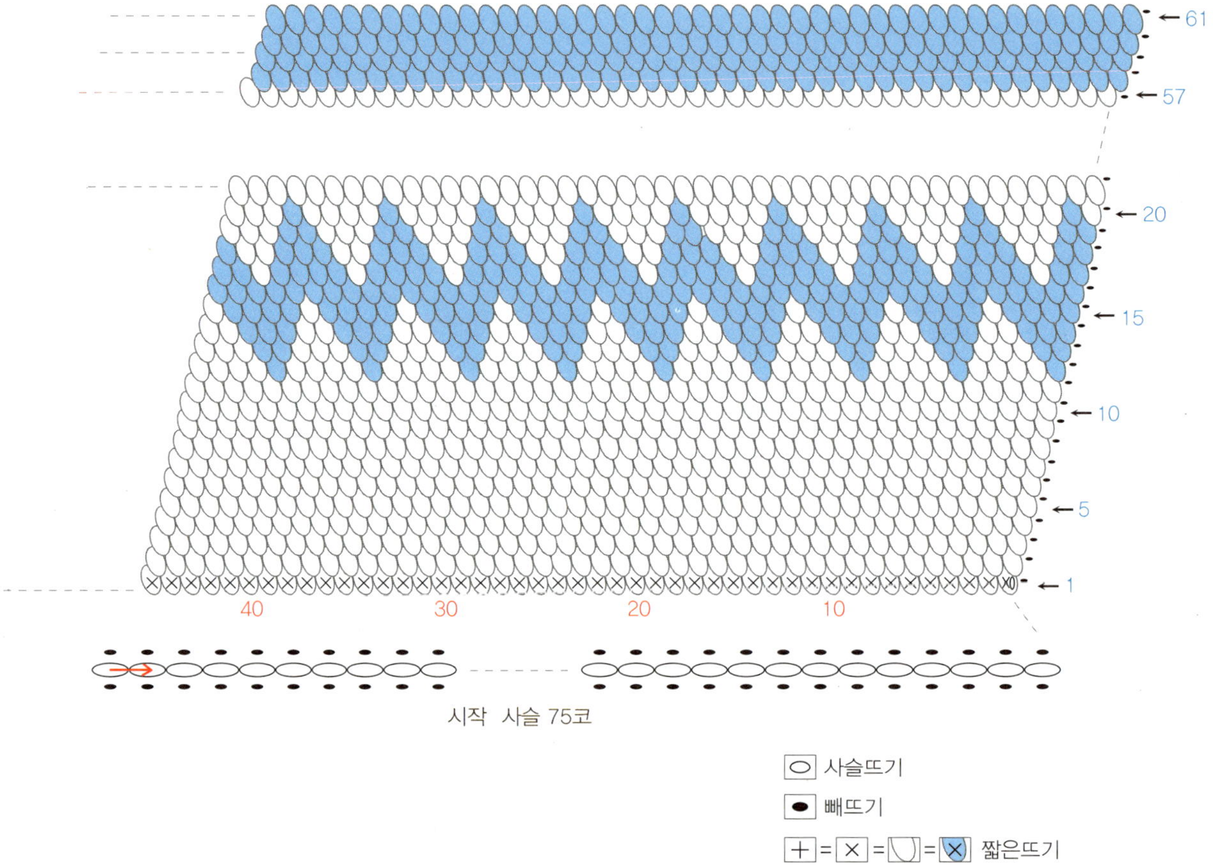

시작 사슬 75코

○ 사슬뜨기
● 빼뜨기
+ = × = ⌒ = ⊠ 짧은뜨기

TIP

배색하기

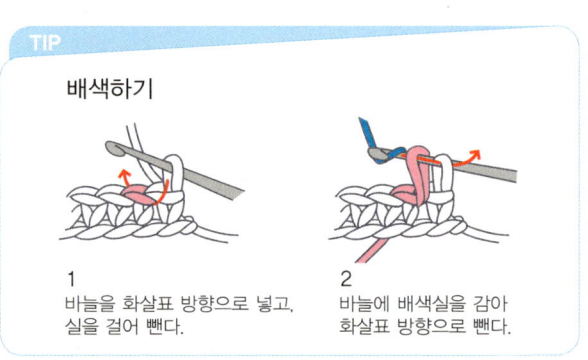

1
바늘을 화살표 방향으로 넣고,
실을 걸어 뺀다.

2
바늘에 배색실을 감아
화살표 방향으로 뺀다.

지그재그 배색패턴 휴대폰 커버

완성 크기	8×16 cm(아이폰 플러스, 노트 크기)
사용 실	헤라코튼(45 g) 226 하늘색 ¼볼, 201 흰색 1볼
사용 바늘	코바늘 4호(2.5 mm)
사용 기법	짧은뜨기, 빼뜨기, 원형 배색, 사슬뜨기
게 이 지	26코×28단
배색 무늬	5의 배색 (5의 배수로 제작)

TIP

소장하고 있는 휴대폰의 크기보다 폭을 약 1 cm 작게 떠야 해요.
손뜨개의 특성상 늘어나는 성질이 있어, 약간 작게 뜬 후 휴대폰을 넣으면, 별도의 지퍼나 잠금장치를 하지 않아도 딱 맞게 씌워 멋스럽게 사용할 수 있어요.
- 아이폰5 : 30코, 32단
- 갤럭시 등의 휴대폰 : 35코, 35단

흰색 실로 사슬 20코를 만든다. (5의 배수로 코만들기)

사슬 20코를 따라 빼뜨기 1줄을 뜬 후, 사슬의 빼뜨기한 반대편으로 빼뜨기 1줄을 뜬다. 총 40코를 만든다.

※ 처음 만든 사슬 양쪽으로 빼뜨기 한 곳에서 뜨기 시작한다.

각 단의 처음은 기둥코를 세우면서 뜨고, 각 단의 마지막은 빼뜨기로 연결한다.

1~9단 : 짧은뜨기 〈40코〉

10~18단 : 노트북 커버의 그림처럼 배색하면서 짧은뜨기

19~20단 : **흰색** 실로 짧 28, 사슬 12

21단 : 짧 28, 사슬 위에 짧 12

22~42단 : 짧은뜨기

하늘색 실로 바꾼다.

43단 : 짧은뜨기

흰색 실로 빼뜨기 1단을 뜨고, 실을 정리한다.

휴대폰의 쓰임이 커지면서 휴대폰으로 영상을 보는 경우가 많아졌어요. 손으로 휴대폰을 들고 보는 건 불편해서 휴대폰 거치대를 만들어봤어요. 이왕이면 귀여운 고래 모양으로, 큰 고래는 태블릿PC용이고 작은 고래는 휴대폰용이에요. 붙였다 뗐다하는 번거로움이 없어도 고래의 등과 꼬리가 잘 받쳐줘서 좋아요. 선반에 몇 마리 올려놨더니 장식용으로도 손색이 없네요.

고래 휴대폰 거치대

■ ■ ■ ■ ■ ■

완성 크기 ❙
　(대) 19×16 cm
　(소) 10×10 cm

사용 실 ❙
　(대) 네코(45 g) 430 블랙 1¼볼,
　　431 크림아이보리 ⅓볼
　(소) 네코(45 g) 429 그레이 ½볼,
　　440 딥그레이 ½볼, 435 라일락 ¼볼,
　　헤라코튼(45 g) 216 민트 ¼볼

사용 바늘 ❙ 대바늘 3.0 mm

사용 기법 ❙ 겉뜨기, 안뜨기(겉메리야스뜨기,
　　안메리야스뜨기)

게 이 지 ❙ 25코×34단

부 재 료 ❙ pp알갱이 120 g,
　　나사눈 8 mm 3쌍

큰 고래

블랙 실로 90코를 만든다.

1~62단 : 메리야스뜨기 62단

63단 : 겉 1, 2코 모아뜨기×44, 겉 1 〈46코〉

64~72단 : 안뜨기로 시작해서 메리야스뜨기 9단

크림아이보리 실로 바꾼다.

73단 : 안뜨기

74단 : 겉 1, 늘리기×44, 겉 1 〈90코〉

75~83단 : 안뜨기로 시작해서 메리야스뜨기 9단
(꼬리 끝은 안뜨기 면이 겉면이 된다.)

코막음한다.

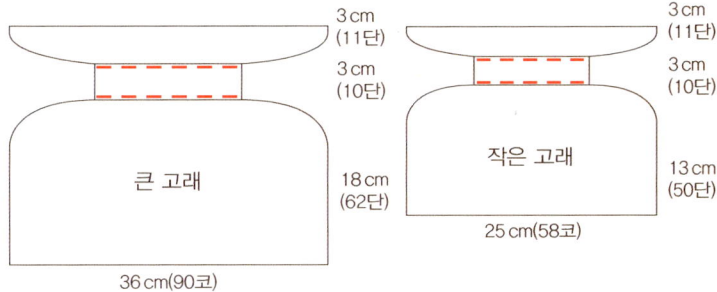

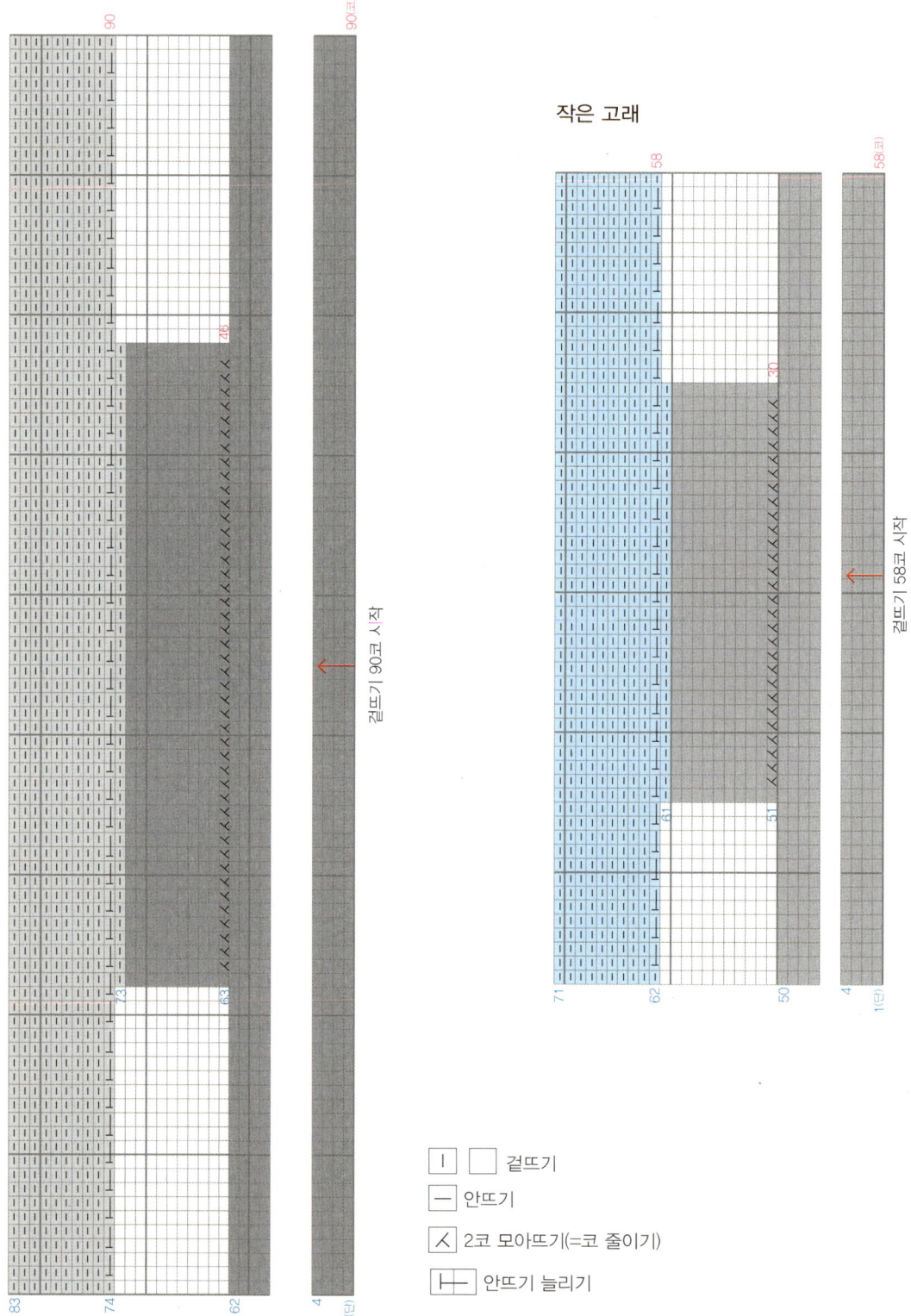

작은 고래

그레이(또는 딥그레이) 실로 58코를 만든다.

1~50단 : 메리야스뜨기 50단

51단 : 겉 1, 2코 모아뜨기×28, 겉 1 〈30코〉

52~60단 : 안뜨기로 시작해서 메리야스뜨기 9단

라일락 실로(**민트**는 2겹 사용) 바꾼다.

61단 : 안뜨기

62단 : 겉 1, 늘리기×28, 겉 1 〈58코〉

63~71단 : 안뜨기로 시작해서 메리야스뜨기 9단 (꼬리 끝부분은 안뜨기 면이 겉면이 된다)

코막음한다.

조립

1. 몸통은 그림과 같이 옆부분을 바느질한다.
2. 꼬리 끝을 솜을 넣어가며 감침질한다.
3. 꼬리 부분에 솜이 들어가지 않도록 몸통색 실로 꼬리 끝부분과 몸통 시작부분을 홈질한다.
4. 머리 부분에 pp알갱이를 넣고 솜을 약간 넣은 다음, 나사 형태 눈을 달고 솜을 머리 쪽으로 더 넣으면서 머리 부분을 바느질한다.

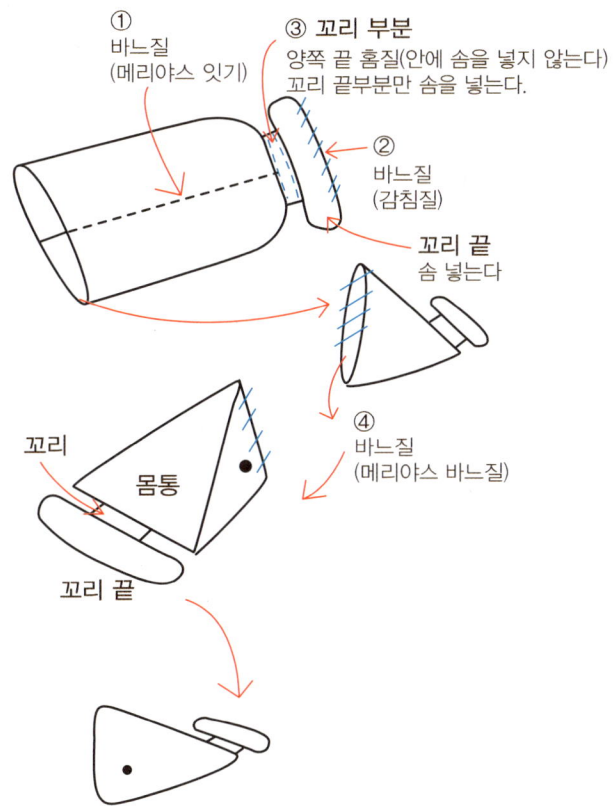

TIP

메리야스 바느질

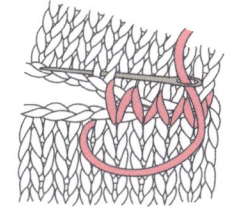

메리야스뜨기의 겉감 면의 모양을 그대로 유지하면서 바느질하는 방법이다. 시작단이나 끝단의 V자 넓은 부분을 사용해서 바느질하면 편물의 모양을 그대로 유지하면서 바느질할 수 있다. 이때 바느질 되는 실을 너무 잡아당기지 않으며 한 단의 모양을 만들어주어야 한다.

북 유럽 감성을 담은 패턴의
보틀케이스는 늘 들고 다니는 보틀을
감각적으로 만들어줘요. 좋아하는 색을
두 가지 골라 북유럽 패턴 보틀케이스를
만들어보세요. 뜨개질이 익숙하지 않는
초보자도 쉽게 만들 수 있게 디자인했어요.
보틀케이스를 씌워 들고 다니면 나만의 독특한
보틀로 세심함이 돋보일 거예요.

북유럽 패턴 보틀 케이스

완성 크기 ι 6.5×16 cm
사용 실 ι
  블랙 : 헤라코튼(45 g) 208 검정색,
       201 흰색 1볼씩
  퍼플 : 헤라코튼(45 g) 228 연보라,
       203 연그레이 1볼씩
  블루 : 헤라코튼(45 g) 226 블루,
       203 연그레이 1볼씩
사용 바늘 ι 코바늘 4호(2.5 mm)
사용 기법 ι 짧은뜨기, 이랑뜨기, 원형배색,
       사슬뜨기
게 이 지 ι 26코×28단
배   색 ι 8코 배색(8의 배수로 제작)

도안 (공통)

각 단의 처음은 사슬뜨기, 각 단의 끝은 빼뜨기한다.

링을 만들어 기둥코를 세운다.

1단 : 짧은뜨기 6코

2단 : 모든 코 늘리기 〈12코〉

3단 : [짧 1, 늘리기]×6 〈18코〉

4단 : [짧 2, 늘리기]×6 〈24코〉

5단 : [짧 3, 늘리기]×6 〈30코〉

6단 : [짧 4, 늘리기]×6 〈36코〉

7단 : [짧 5, 늘리기]×6 〈42코〉

8단 : [짧 6, 늘리기]×6 〈48코〉

9단 : (뒷고리에)이랑뜨기 〈48코〉

10~53단 : 도안을 참고하여 배색하면서 짧은뜨기 44단

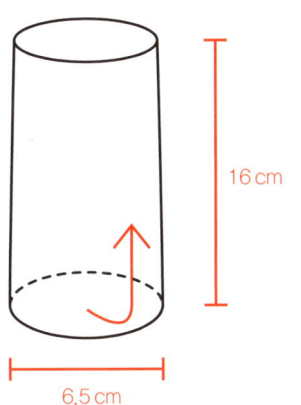

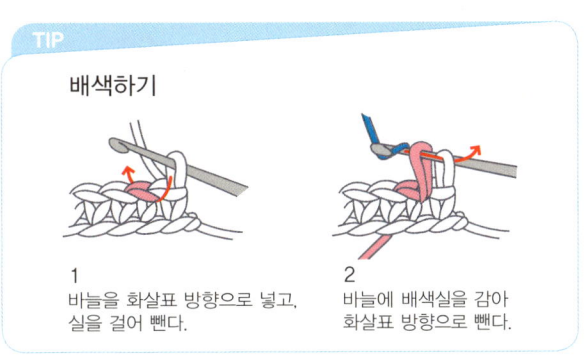

TIP
배색하기

1 바늘을 화살표 방향으로 넣고, 실을 걸어 뺀다.

2 바늘에 배색실을 감아 화살표 방향으로 뺀다.

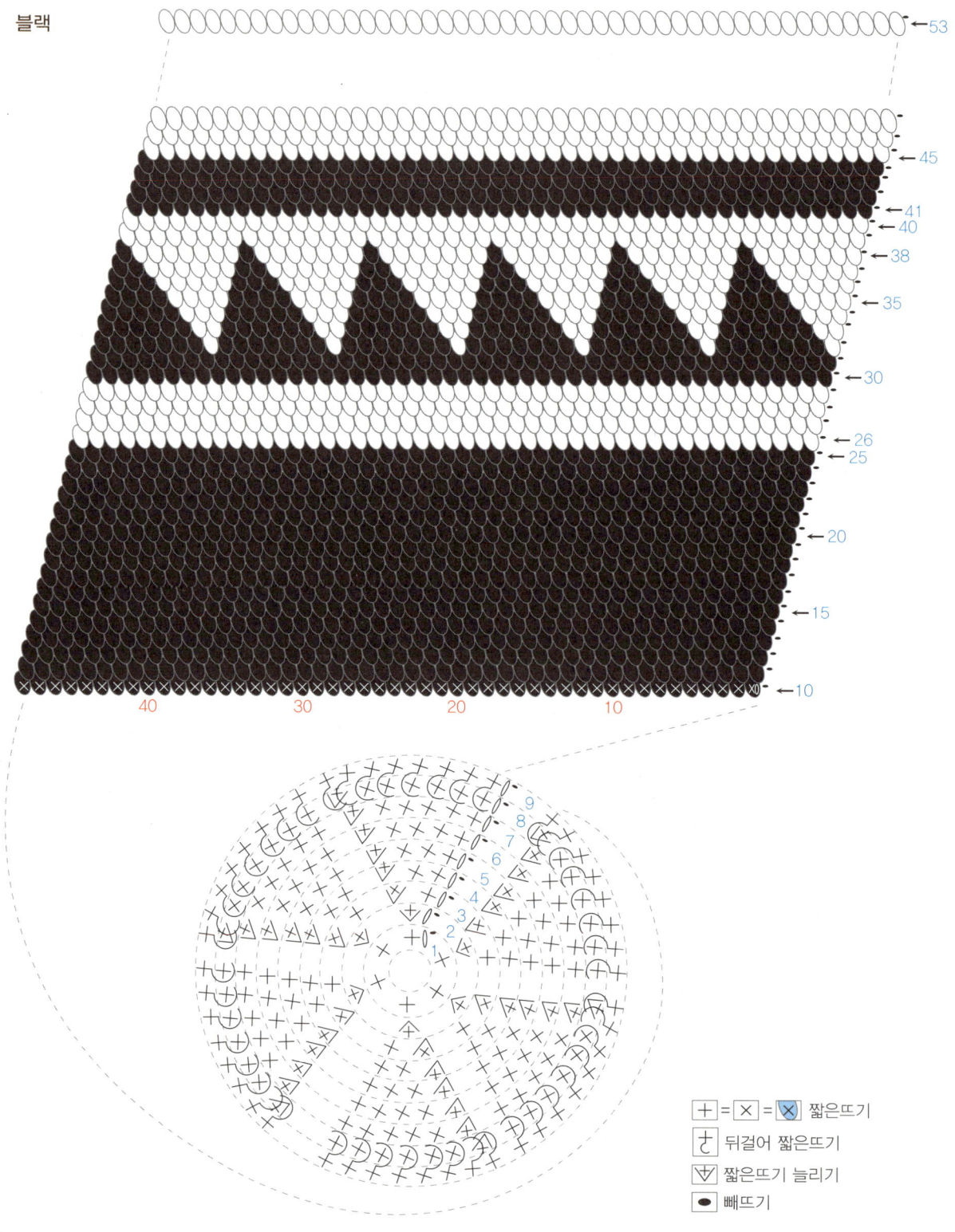

퍼플

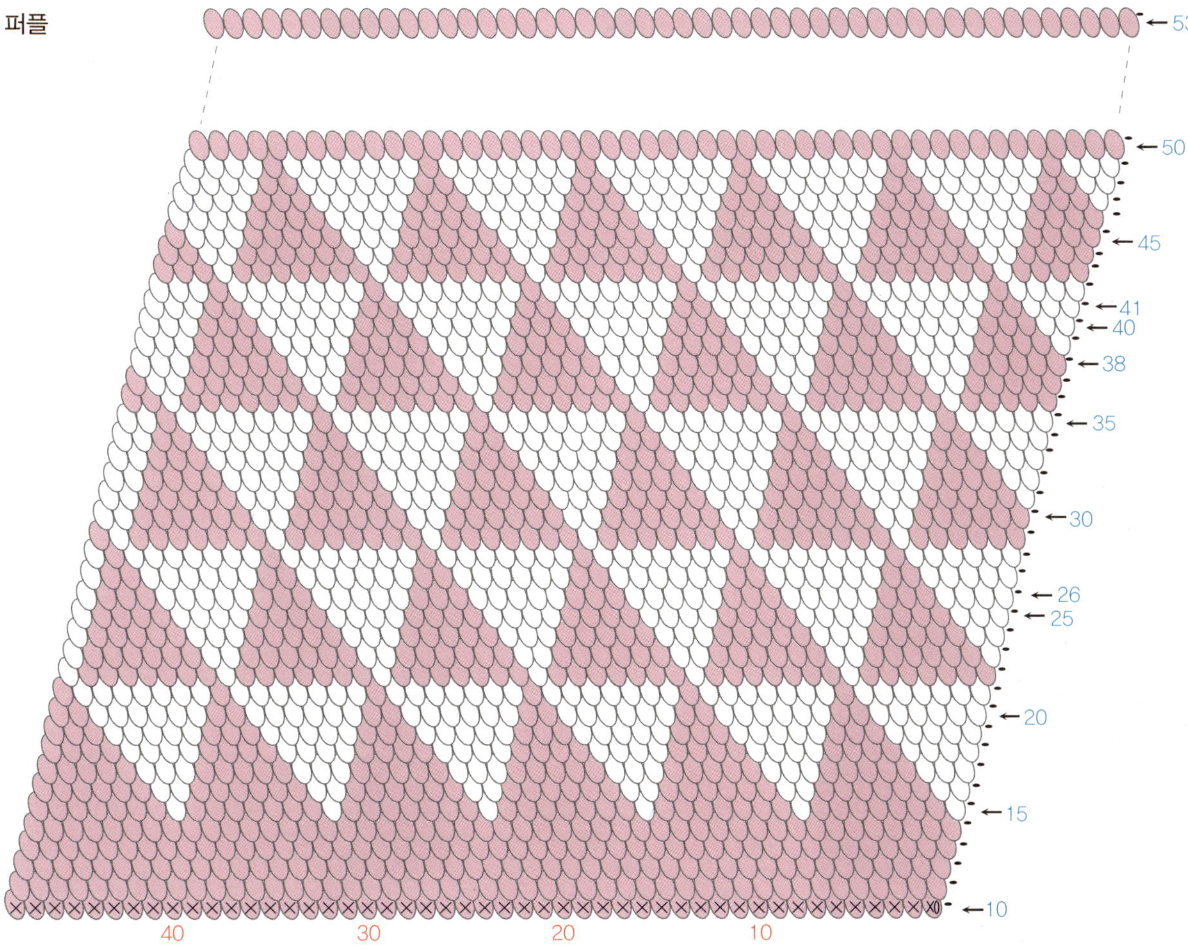

블루

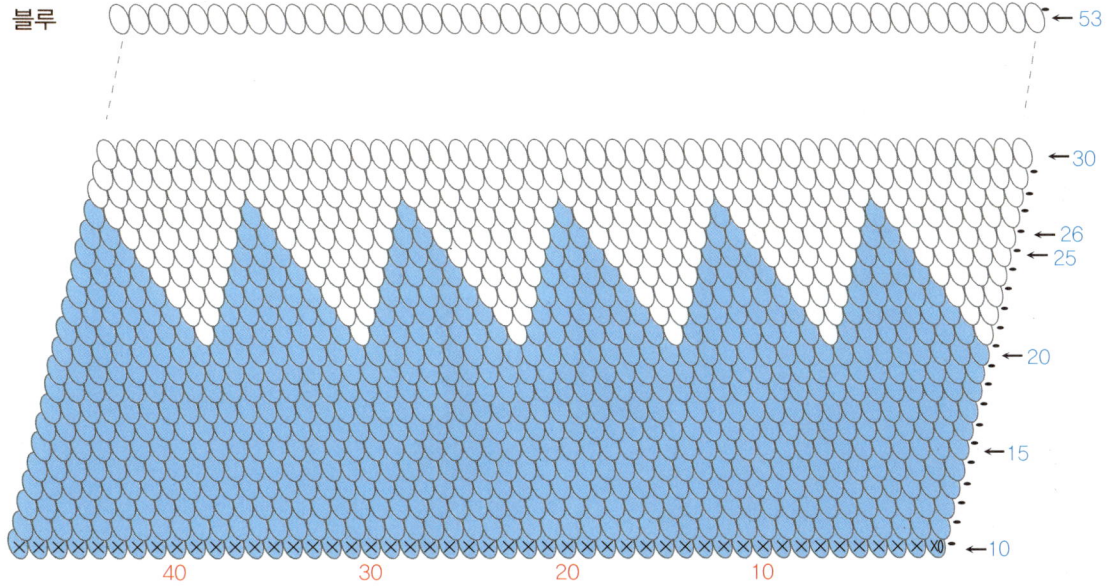

75

날씨가 좋아서, 하늘이 예뻐서 카메라를 들고 밖으로 나가고만 싶은 날이 있어요. 나는 콘셉트에 맞게 꾸몄는데, 카메라는 늘 같은 색이죠. 블랙이면 블랙, 화이트면 화이트... 카메라에 페인트칠을 할 수는 없지만 스트랩에는 변화를 줄 수 있어요. 엣지 있게 카메라 스트랩에도 옷을 입혀보세요.

카메라 스트랩

완성 크기 **:** 5×64 cm
사용 실 **:**
블루 : 헤라코튼(45 g) 226 하늘색 1 ½볼,
201 흰색, 233 그레이 약간
퍼플 : 헤라코튼(45 g) 228 연보라색
1 ½볼, 203 연그레이 약간
패턴 : 헤라코튼(45 g) 208 검정색 1볼,
파란색, 하늘색, 연노랑색,
연보라색, 연두색, 연분홍색,
진분홍색, 민트색 각 ¼볼
사용 바늘 **:** 코바늘 2호(2.0 mm)
사용 기법 **:** 짧은뜨기, 빼뜨기, 원형배색,
사슬뜨기
게 이 지 **:** 26코×28단
배색 무늬 **:** 5코 배색(4의 배수로 제작)

도안(공통)

각 단의 처음은 사슬뜨기로 기둥코를 세우고, 각 단의 끝은 빼뜨기로 연결한다.

블루

하늘색 실로 사슬 25코를 만든다. (5의 배수 코만들기)
1~176단 : **흰색** 실 1코, **그레이** 실 2코, 하늘색 실로
22코 짧은뜨기
처음과 끝단에 **그레이** 실로 짧은뜨기를 2단씩 뜬다.

퍼플

연보라 실로 사슬 25코를 만든다. (5의 배수 코만들기)
1~176단 : **연그레이** 실 1코, 연보라 실로 24코 짧은뜨기
처음과 끝단에 **연그레이** 실로 짧은뜨기를 2단씩 뜬다.

TIP
소장하고 있는 카메라 스트랩에 끼워서 사용하는 형태에요.
코바늘은 뜨는 방향과 반대 방향으로 코가 조금씩 눕는 형태가 나와요. 원형뜨기의 단 마지막 부분을 빼뜨기로 연결하고 단의 시작에서 사슬코를 세우고 뜨면, 자연스럽게 사선 무늬가 나와요. 사선 무늬를 자연스럽게 무늬로 사용하세요.

패턴

검정색 실로 사슬 25코를 만든다. (5의 배수 코만들기)

1~181단까지 지정된 색으로 짧은뜨기 한다.
(색 배열)

※ 그림 도안 참고할 것

검정색 8단

하늘색 실로 배색하면서 9단

검정색 4단

민트색 실로 배색하면서 9단

검정색 4단

연두색 실로 배색하면서 9단

검정색 4단

노란색 실로 배색하면서 9단

검정색 4단

연분홍색 실로 배색하면서 9단

검정색 4단

진분홍색 실로 배색하면서 9단

검정색 4단

연보라색 실로 배색하면서 9단

검정색 4단

진분홍색 실로 배색하면서 9단

검정색 4단

연분홍색 실로 배색하면서 9단

검정색 4단

노란색 실로 배색하면서 9단

검정색 4단

연두색 실로 배색하면서 9단

검정색 4단

민트색 실로 배색하면서 9단

검정색 4단

하늘색 실로 배색하면서 9단

검정색 8단

배색하기

검정색 8단
하늘색 배색 9단
검정색 4단
민트색 배색 9단
검정색 4단
연두색 배색 9단
검정색 4단
노란색 배색 9단
검정색 4단
연분홍색 배색 9단
검정색 4단
진분홍색 배색 9단
검정색 4단
연보라색 배색 9단
검정색 4단
진분홍색 배색 9단
검정색 4단
연분홍색 배색 9단
검정색 4단
노란색 배색 9단
검정색 4단
연두색 배색 9단
검정색 4단
민트색 배색 9단
검정색 4단
하늘색 배색 9단
↑ 검정색 8단

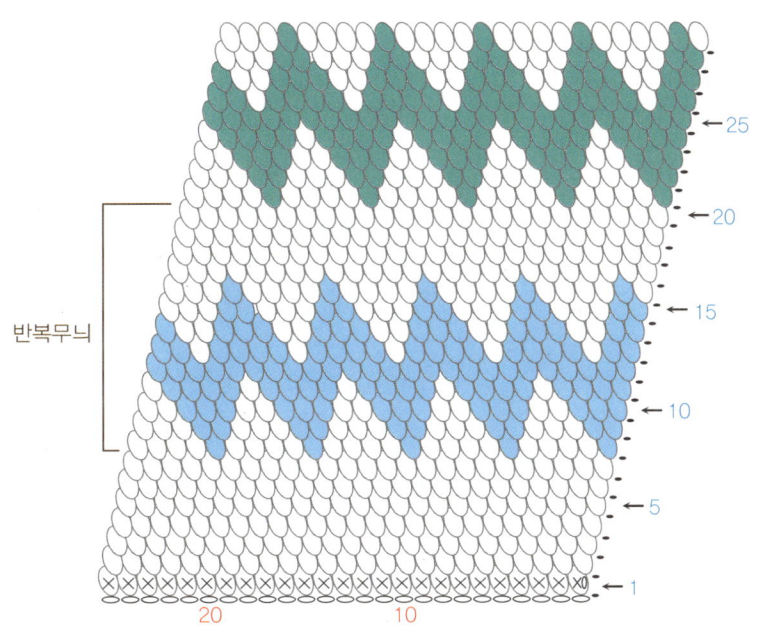

반복무늬

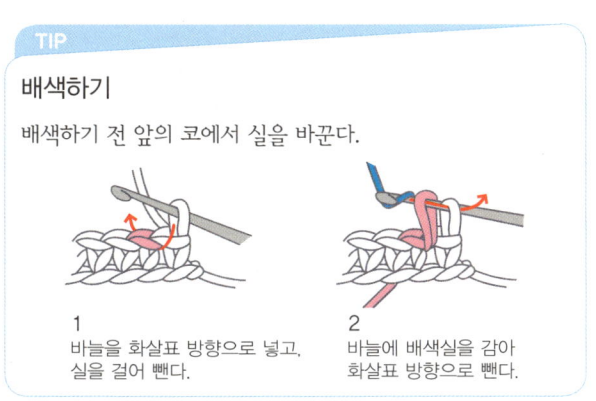

TIP

배색하기

배색하기 전 앞의 코에서 실을 바꾼다.

1
바늘을 화살표 방향으로 넣고,
실을 걸어 뺀다.

2
바늘에 배색실을 감아
화살표 방향으로 뺀다.

다섯 가지 색깔을 이용한 지그재그 무늬의 블랭킷은 왠지 더 감각적이에요. 앉아서 책을 볼 때 썰렁함을 느꼈다면 블랭킷으로 포근함을 느껴 보세요. 고이 접어 가지고 다니면서 사용하기에도 좋을 만큼 부피가 크지도 않아요. 뜨개질이 처음이라도 만들 수 있게 기초 기법으로만 만들었어요. 좋아하는 실을 골라 지금 도전해보세요, 심플하면서도 멋스러운 블랭킷에!

지그재그 블랭킷

■ ■ ■ ■ ■

완성 크기	50×90 cm
사용 실	헤라코튼(45 g) 233 그레이, 201 화이트 각 3볼, 226 엘리스블루, 228 라이트바이올렛, 208 블랙 각 2볼
사용 바늘	코바늘 4호(2.5 mm)
사용 기법	긴뜨기, 짧은뜨기, 사슬뜨기
게 이 지	짧은뜨기 26코×28단

TIP
폭을 넓게 하고 싶으면 콧수를 12코의 배수로 늘리고, 길이를 길게 하고 싶으면 한길긴뜨기 단과 짧은뜨기 단을 한 세트 더 늘려주세요.

블랙 실로 사슬 120코를 만든다.

Ⓐ 무늬를 반복하면서 뜬다.

Ⓐ 무늬

1단 : [한길긴 늘리기, 한길긴 3, 줄이기 2, 한길긴 3, 늘리기]×10

2단 : [짧 늘리기, 짧 3, 줄이기 2, 짧 3, 늘리기]×10

※ 1단 시작은 사슬 3코로 첫 한길긴뜨기를 대신하고, 2단에서는 기둥코를 세운다.

한길긴뜨기 단과 짧은뜨기 단을 한 세트로 색상을 바꾸면서 뜬다.

[블랙, 그레이, 화이트, 배색 1(엘리스블루), 화이트, 그레이, 블랙, 그레이, 화이트, 배색 2(라이트바이올렛), 화이트, 그레이]의 순서로 뜬다.

90 cm가 되게 뜨되 마지막은 블랙으로 끝나게 한다.

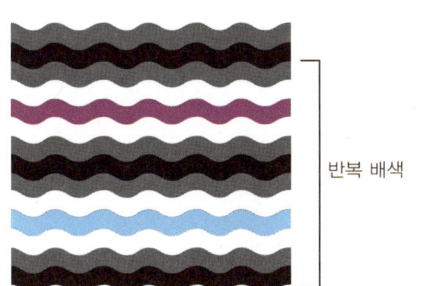

반복 배색

○ 사슬뜨기 Ⓐ 짧은뜨기 줄이기
+ = × 짧은뜨기 V 한길긴뜨기 늘리기
▽ 짧은뜨기 늘리기 A 한길긴뜨기 줄이기

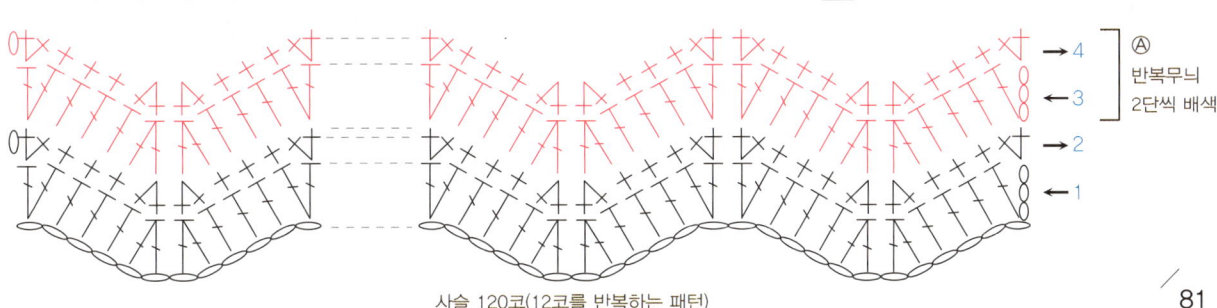

사슬 120코(12코를 반복하는 패턴)

무 채색 실로 심플하면서도 독특한 느낌의
조명 갓 커버를 만들어보세요.
서재에서 빠질 수 없는 아이템 중 하나인
스탠드가 없다면, 투명 PVC를 잘라 전등갓을
만들고 아이스 음료의 볼록한 뚜껑을
재활용해서 셀프인테리어에 도전해보세요.
생각보다 쉽게 만들어 사용할 수 있답니다.

북유럽풍 조명 갓 커버

완성 크기 | 지름 18 cm × 높이 14 cm
사용 실 | 네코(45 g)
  스트라이프 : 401 화이트 ½볼, 430 블랙 ⅓볼, 429 그레이 ¼볼, 440 딥그레이 조금
  지그재그 : 430 블랙 ⅓볼, 429 그레이 ⅓볼, 401 화이트 조금
  삼각형 : 429 그레이 ⅖볼, 440 딥그레이 ¼볼
사용 바늘 | 대바늘 3.5 mm
사용 기법 | 겉뜨기, 안뜨기, 배색하기(메리야스뜨기), 2코 모아뜨기
게 이 지 | 22.5코 × 32단
부 재 료 | 투명 PVC, 1회용 커피컵 뚜껑, 백열전구, 백열전구 소켓 및 전선 세트

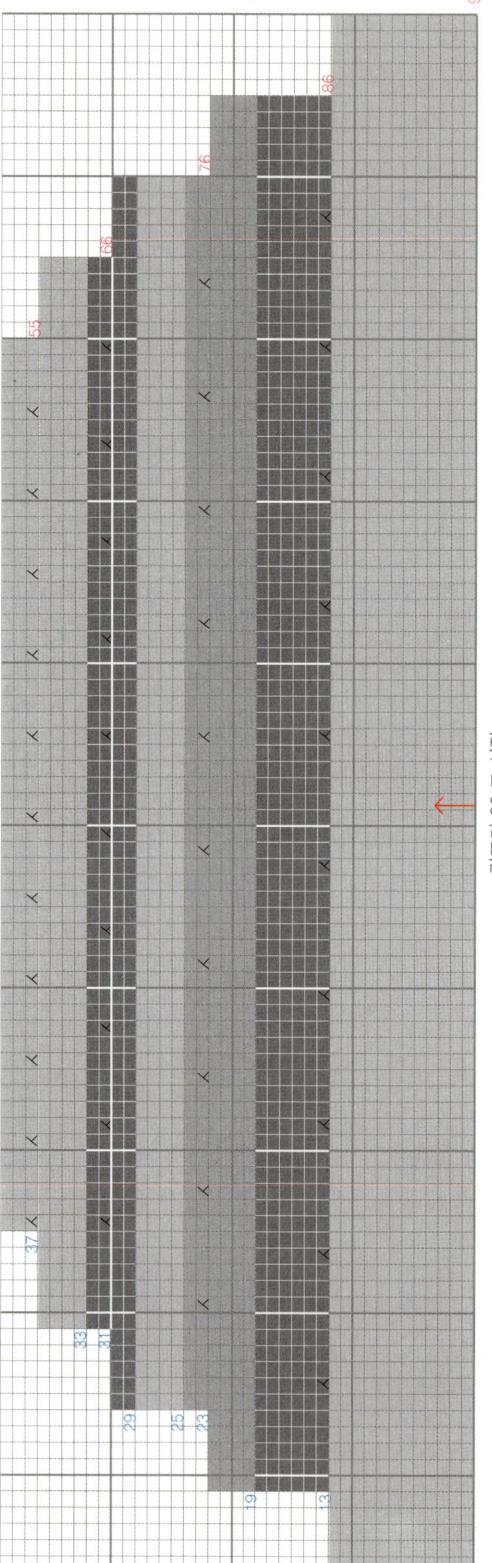

스트라이프

화이트 실로 96코를 만든다.

1~12단 : 메리야스뜨기 12단

블랙 실로 바꾼다.

13단 : [겉 7, 2코 모아뜨기]×10, 겉 6 〈86코〉

14~18단 : 안뜨기로 시작 메리야스뜨기 5단

그레이 실로 바꾼다.

19~22단 : 메리야스뜨기 4단

23단 : [겉 6, 2코 모아뜨기]×10, 겉 6 〈76코〉

24단 : 안뜨기

화이트 실로 바꾼다.

25~28단 : 메리야스뜨기 4단

딥그레이 실로 바꾼다.

29~30단 : 메리야스뜨기 2단

블랙 실로 바꾼다.

31단 : [겉 5, 2코 모아뜨기]×10, 겉 6 〈66코〉

32단 : 안뜨기

화이트 실로 바꾼다.

33~36단 : 메리야스기뜨기 4단

37단 : [겉 4, 2코 모아뜨기]×11 〈55코〉

38단 : 안뜨기

39단 : 겉뜨기

겉뜨기로 코막음한다.

I	□	겉뜨기
―		안뜨기
⋋		2코 모아뜨기(=코 줄이기)

지그재그

그레이 실로 96코를 만든다.

1~6단 : 메리야스뜨기 6단

7단 : [겉 7, 2코 모아뜨기]×10, 겉 6 〈86코〉

8~20단 : 도안과 같이 (**그레이, 화이트, 블랙**) 실로 배색하면서 뜨기

※ 사용하지 않는 실은 자르지 않고 편물 뒤쪽으로 느슨하게 지나가게 한다.

블랙 실만으로 뜬다.
(그레이, 화이트 실은 자른다)

21~22단 : 메리야스뜨기 2단

23단 : [겉 6, 2코 모아뜨기]×10, 겉 6 〈76코〉

24~30단 : 메리야스뜨기 7단

31단 : [겉 5, 2코 모아뜨기]×10, 겉 6 〈66코〉

32~36단 : 메리야스뜨기 5단

37단 : [겉 4, 2코 모아뜨기]×11 〈55코〉

38단 : 안뜨기

39단 : 겉뜨기

겉뜨기로 코막음한다.

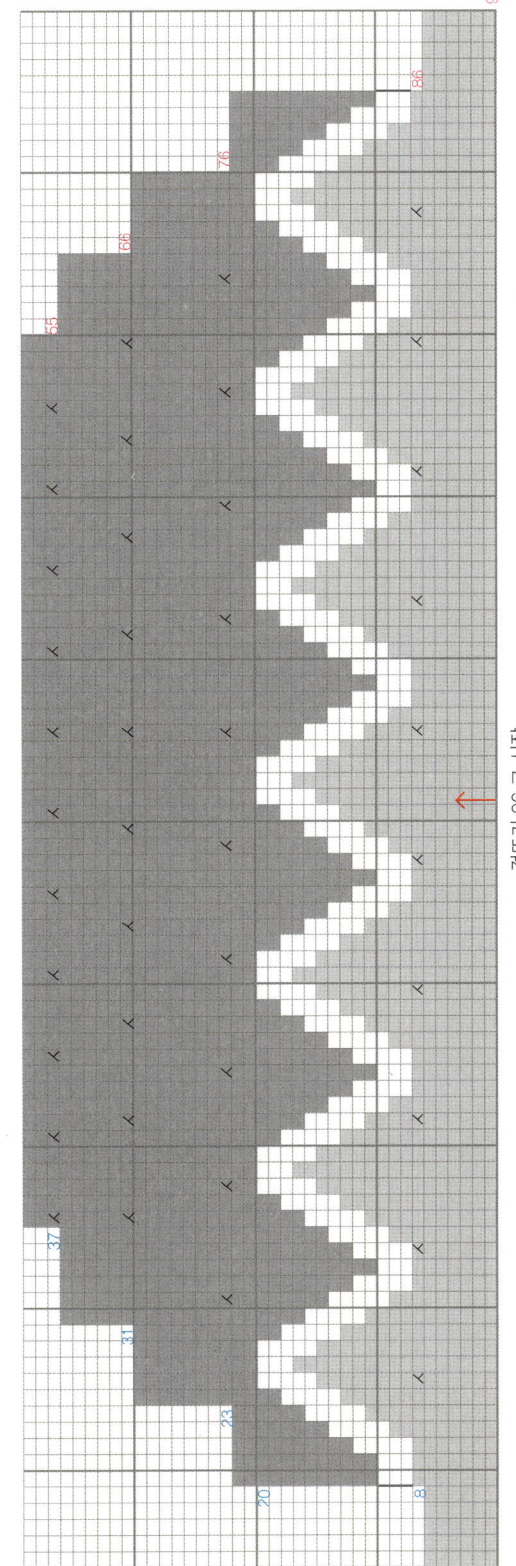

| | 겉뜨기
− 안뜨기
⋏ 2코 모아뜨기(=코 줄이기)

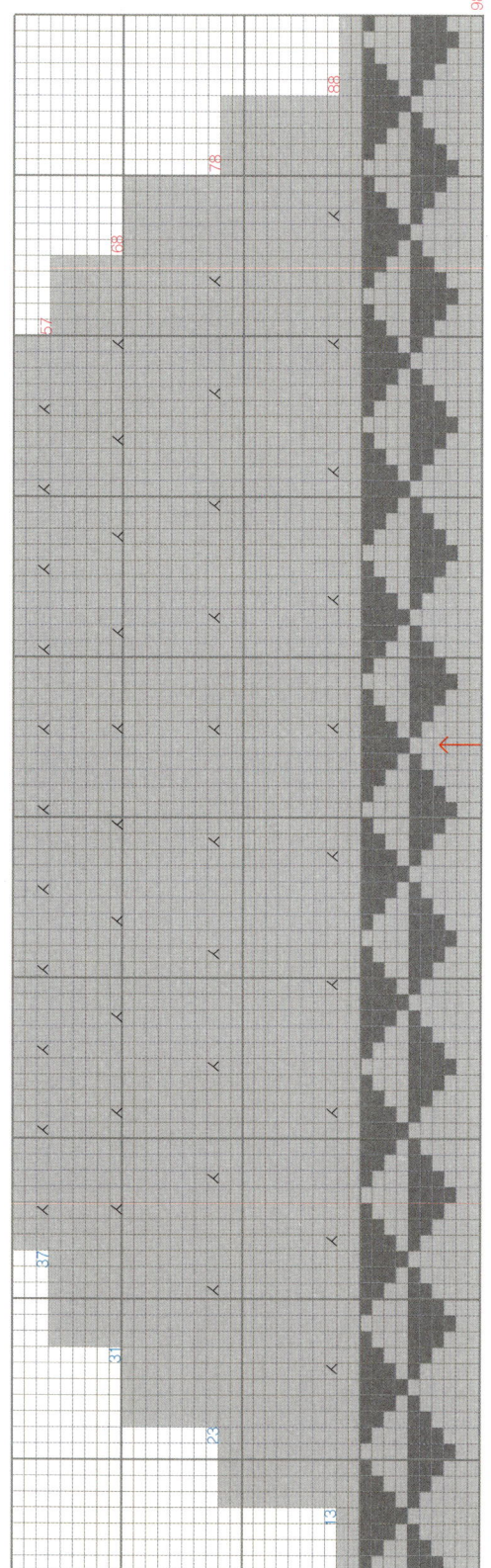

삼각형

그레이 실로 98코를 만든다.

1~2단 : 메리야스뜨기 2단

3~10단 : 도안과 같이 **딥그레이** 실과 배색하면서 뜨기

11~12단 : 메리야스뜨기 2단

13단 : [겉 7, 2코 모아뜨기]×10, 겉 8 〈88코〉

14~22단 : 메리야스뜨기 9단

23단 : [겉 6, 2코 모아뜨기]×10, 겉 8 〈78코〉

24~30단 : 메리야스뜨기 7단

31단 : [겉 5, 2코 모아뜨기]×10, 겉 8 〈68코〉

32~36단 : 메리야스기 뜨기 5단

37단 : [겉 4, 2코 모아뜨기]×11, 겉 2 〈57코〉

38단 : 안뜨기

39단 : 겉뜨기

겉뜨기로 코막음한다.

조립

1. 도안의 본을 200% 확대하여 PVC 판을 자른다.
2. 실선 부분에 칼집을 넣은 뒤 원통 모양으로 조립하여 투명 접착테이프로 고정한다.
3. 각각의 조각 옆면을 바느질하여 원통형을 만든다.
4. 시작단과 마지막단은 홈질 또는 감침질한다.
5. PVC 원통에 니트 조직을 씌운다.
6. 시작단과 마지막단에 바느질한 실을 잡아당겨 원통의 위, 아래가 단단하게 고정되도록 한다.
7. PVC 커피컵 뚜껑을 원통 모양 안쪽에 넣은 뒤 준비된 전구와 조명기구를 넣어 고정한다.

※ 짝수단의 기호는 반대로 뜨다.

| 겉뜨기
⋏ 2코 모아뜨기(=코 줄이기)

조명 갓 도안(50% 축소)

칼집

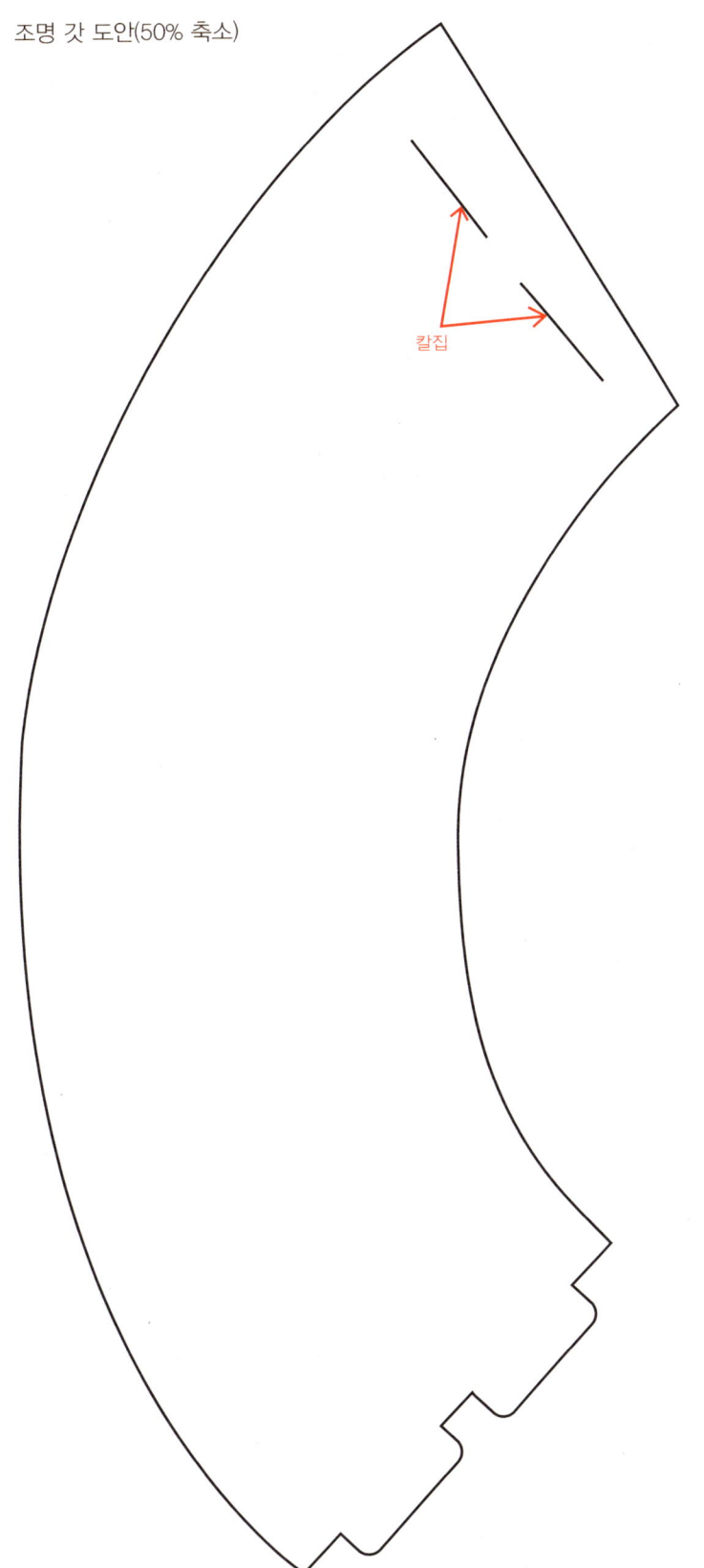

휴대용 뜨개 가방은 이동하면서
뜨개를 할 때 아주 유용한 가방이에요.
뜨고 있던 편물과 실, 바늘을 이 가방에 넣고
지하철이나 버스 등으로 이동한다면, 심심할
틈 없이 시간을 알차고 즐겁게 보낼 수 있을
거예요. 카드 지갑도 세트로 떠서 뜨개 가방과
함께한다면 교통카드를 따로 챙겨야 하는
번거로움도 줄일 수 있어요.

휴대용 뜨개 가방

완성 크기 | 23×31.5 cm
사용 실 | 네코(45 g) 407 베이비핑크
½볼, 408 러브토마토 1볼,
440 딥그레이 ⅔볼 또는
417 민트 1볼, 401 화이트 ½볼,
421 네이비 ⅔볼
사용 바늘 | 대바늘 3.5 mm, 3.0 mm
사용 기법 | 걸러뜨기, 늘리기,
감아코 만들기, 2코 모아뜨기,
안뜨기로 2코 모아뜨기,
안뜨기로 2코 꼬아뜨기
게 이 지 | 22코×27단

오른쪽 면 아래(①)

대바늘 3.5 mm와 **딥그레이(네이비)** 실로 20코를 만든다.

1단 : 안뜨기

2단 : 겉 2, 감아코 1, 끝까지 겉, 감아코 5 〈26코〉

3~4단 : [1~2단]×1 〈32코〉

5단 : 걸러뜨기 1, 끝까지 안

6단 : 겉 2, 감아코 1, 끝까지 겉 〈33코〉

7~14단 : [5~6단]×4 〈37코〉

15~19단 : 메리야스뜨기 5단(안뜨기단의 첫코 걸러뜨기)

실을 **러브토마토(민트)** 실로 바꾼다.

20단 : 겉뜨기

21단 : 늘리기 1, 끝까지 겉 〈38코〉

22단 : 겉뜨기

23단 : 늘리기 2, 끝까지 겉 〈40코〉

24~31단 : [22~23단]×4 〈48코〉

32단 : 2코 남을 때까지 겉, 늘리기 2 〈50코〉

실을 자르고, 여분 바늘에 걸어둔다.

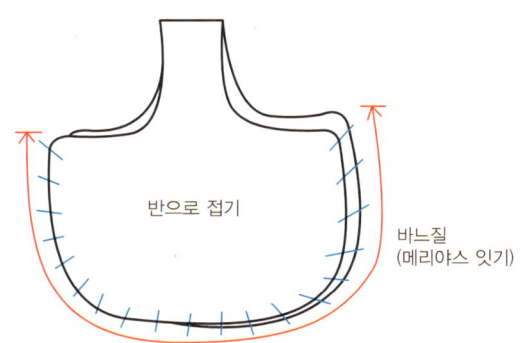

반으로 접기

바느질
(메리야스 잇기)

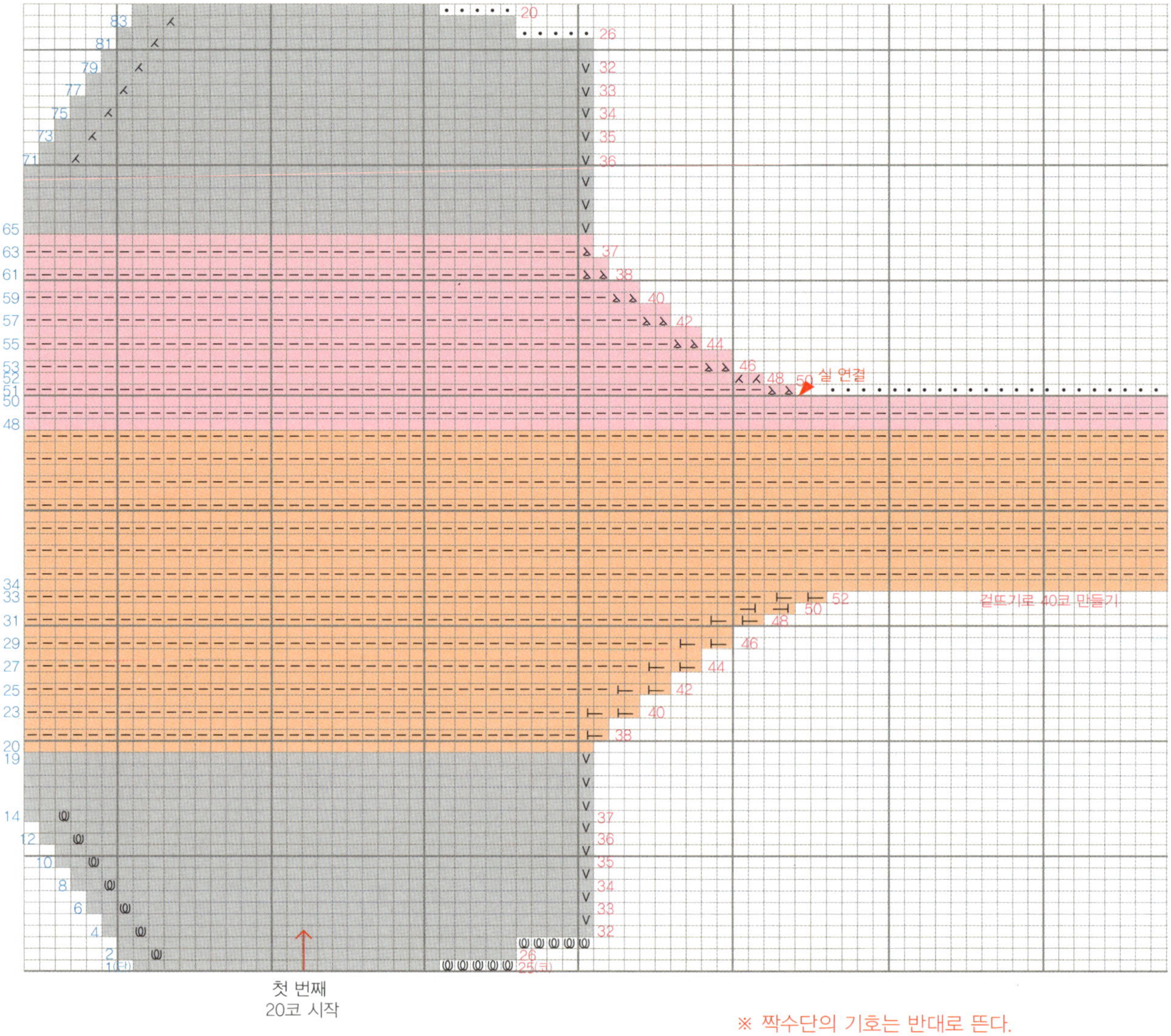

첫 번째
20코 시작

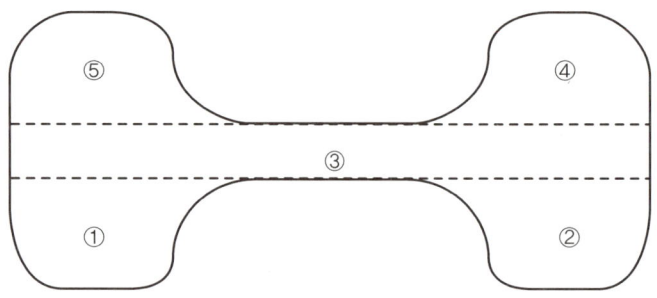

※ 짝수단의 기호는 반대로 뜬다.

기호	설명
I □	겉뜨기
—	안뜨기
⅄	안뜨기로 2코 꼬아뜨기
	→ 반대기호 ⋏ 2코 모아뜨기(=코줄이기)
⋏	안뜨기로 2코 모아뜨기
⊢	안뜨기 늘리기
⊣	겉뜨기 늘리기
V	걸러뜨기
⓪	감아코 만들기

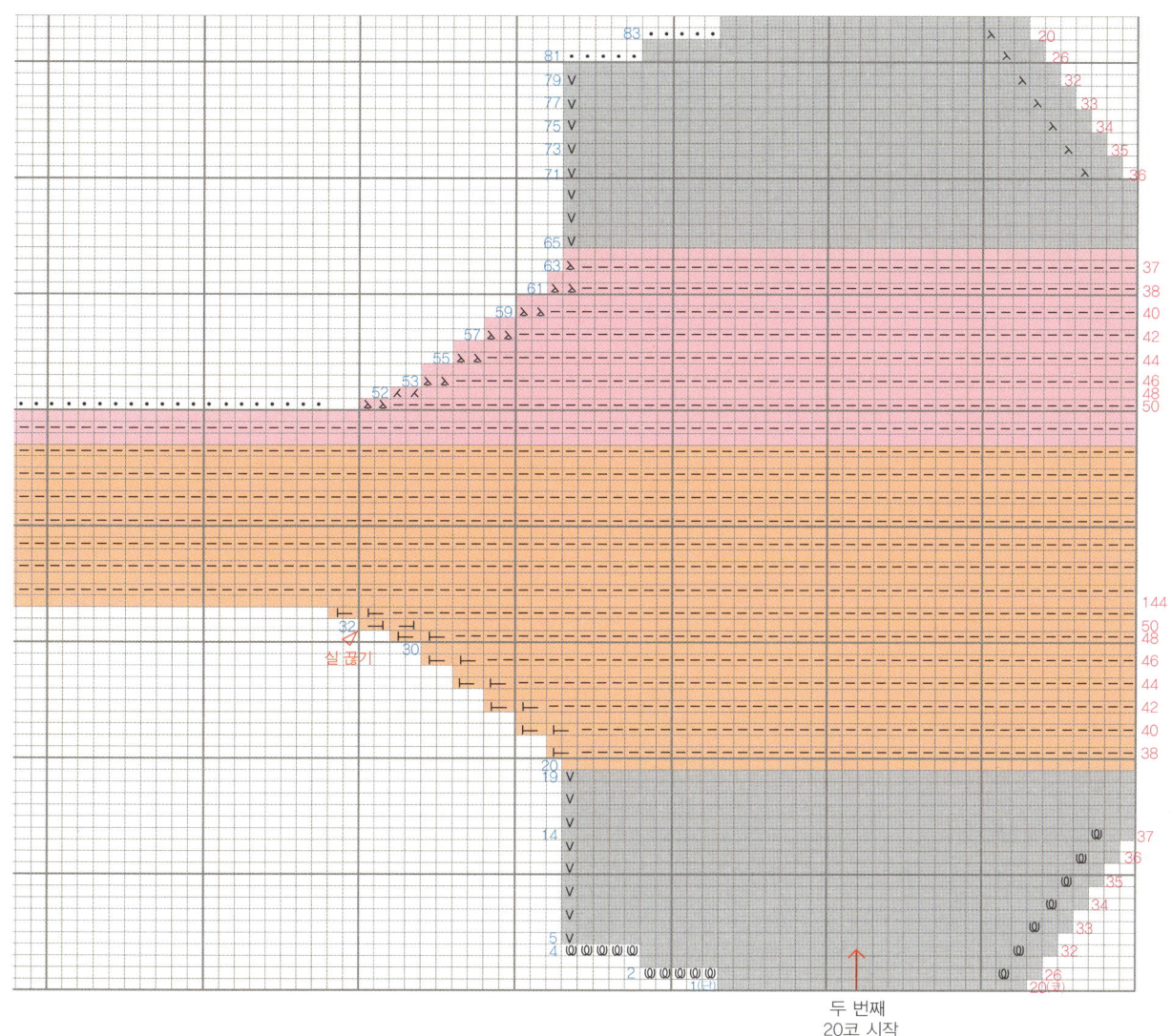

두 번째 20코 시작

왼쪽 면 아래(②)

딥그레이(네이비) 실로 20코를 만든다.

1단 : 안 20, 감아코 5 〈25코〉

2단 : 2코 남을 때까지 겉, 감아코 1, 겉 2 〈26코〉

3단 : 안 26, 감아코 5 〈31코〉

4단 : 2코 남을 때까지 겉, 감아코 1, 겉 2 〈32코〉

5단 : 안뜨기

6단 : 걸러뜨기 1, 2코 남을 때까지 겉, 감아코 1, 겉 2 〈33코〉

7~14단 : [5~6단]×4 〈37코〉

15~19단 : 메리야스뜨기 5단(겉뜨기단의 첫코 걸러뜨기)

러브토마토(민트) 실로 바꾼다.

20단 : 겉뜨기

21단 : 1코 남을 때까지 겉, 늘리기 1 〈38코〉

22단 : 겉뜨기

23단 : 2코 남을 때까지 겉, 늘리기 2 〈40코〉

24~31단 : [22~23단]×4 〈48코〉

32단 : 늘리기 2, 끝까지 겉 〈50코〉

연결 부분(③)

33단 : 2코 남을 때까지 겉, 늘리기 2 〈52코〉

40코를 만든다(겉뜨기 방법).

여분 바늘에 걸어둔 코에서 늘리기 2, 끝까지 겉 〈144코〉

34~47단 : 겉뜨기 (가터뜨기 14단)

베이비핑크(화이트) 실로 바꾼다.

48~50단 : 겉뜨기 (가터뜨기 3단)

51단 : 겉 48, 2코 모아뜨기×2, 코막음 40, 2코 모아뜨기×2, 끝까지 겉

오른쪽 면 위(④)

52단 : 4코 남을 때까지 겉, 2코 모아뜨기×2 〈48코〉

왼쪽 바늘에 남아있는 50코는 여분의 바늘에 걸어둔다.

53단 : 2코 모아뜨기×2, 끝까지 겉 〈46코〉

54단 : 겉뜨기

55~62단 : [53~54단]×4 〈38코〉

63단 : 2코 모아뜨기, 끝까지 겉 〈37코〉

64단 : 겉뜨기

딥그레이(네이비) 실로 바꾼다.

65~70단 : 안뜨기로 시작하여 메리야스뜨기 6단 (안뜨기단의 첫코 걸러뜨기)

71단 : 걸러뜨기 1, 4코 남을 때까지 안, 안 2코 꼬아뜨기, 안 2 〈36코〉

72단 : 겉뜨기

73~80단 : [71~72단]×4 〈32코〉

81단 : 코막음 5, 4코 남을 때까지 안, 안 2코 꼬아뜨기, 안 2 〈26코〉

82단 : 겉뜨기

83~84단 : [81~82단]×1 〈20코〉

코막음한다.

왼쪽 위(⑤)

여분의 바늘에 걸려있는 52코에 베이비핑크(화이트) 실을 연결한다.

52단 : 2코 모아뜨기×2, 끝까지 겉 〈48코〉

53단 : 4코 남을 때까지 겉, 2코 모아뜨기×2 〈46코〉

54단 : 겉뜨기

55~62단 : [53~54단]×4 〈38코〉

63단 : 2코 남을 때까지 겉, 2코 모아뜨기 〈37코〉

64단 : 겉뜨기

딥그레이(네이비) 실로 바꾼다.

65~70단 : 메리야스뜨기 6단(겉뜨기단의 첫코 걸러뜨기)

71단 : 안 2, 안 2코 모아뜨기, 끝까지 안 〈36코〉

72단 : 걸러뜨기 1, 끝까지 겉

73~80단 : [71~72단]×4 〈32코〉

81단 : 안 2, 안 2코 모아뜨기, 끝까지 안 〈31코〉

82단 : 코막음 5, 끝까지 겉 〈26코〉

83~84단 : [81~82단]×1 〈20코〉

코막음한다.

조립

1. 손잡이 부분을 중심으로 반을 접는다.

2. 가방의 옆면을 따라 바느질한다.

(겉면을 마주대고 박음질한 후 뒤집거나 메리야스 잇기한다)

카드 지갑

완성 크기	7×11 cm
사 용 실	네코(45 g) 408 러브토마토 ¼볼, 440 딥그레이 ⅛볼 또는 417 민트 ¼볼, 421 네이비 ⅛볼
사용 바늘	대바늘 2.5 mm
사용 기법	걸러뜨기, 겉뜨기, 안뜨기, 늘리기, 안 2코 모아뜨기, 멍석뜨기, 메리야스뜨기
게 이 지	멍석뜨기 27.5코×47단 메리야스뜨기 28코×46단
부 재 료	8 mm 스냅버튼

도안

딥그레이(네이비) 실로 43코를 만든다.

1~4단 : [겉 1, 안 1]×21, 겉 1

5단 : [겉 1, 안 1]×15, 겉 1, 코막음 12

실을 새로 연결한다.

6~30단 : [겉 1, 안 1]×15, 겉 1

31단 : 안뜨기

러브토마토(민트) 실로 바꾼다.

32~33단 : 안뜨기로 시작 메리야스뜨기 2단

34단 : 걸러뜨기 1, 안 2코 모아뜨기, 끝까지 안 〈30코〉

35단 : 겉뜨기

36~59단 : [34~35단]×12 〈18코〉

60단 : 걸러뜨기 1, 끝까지 안

61단 : 겉뜨기

코막음한다.

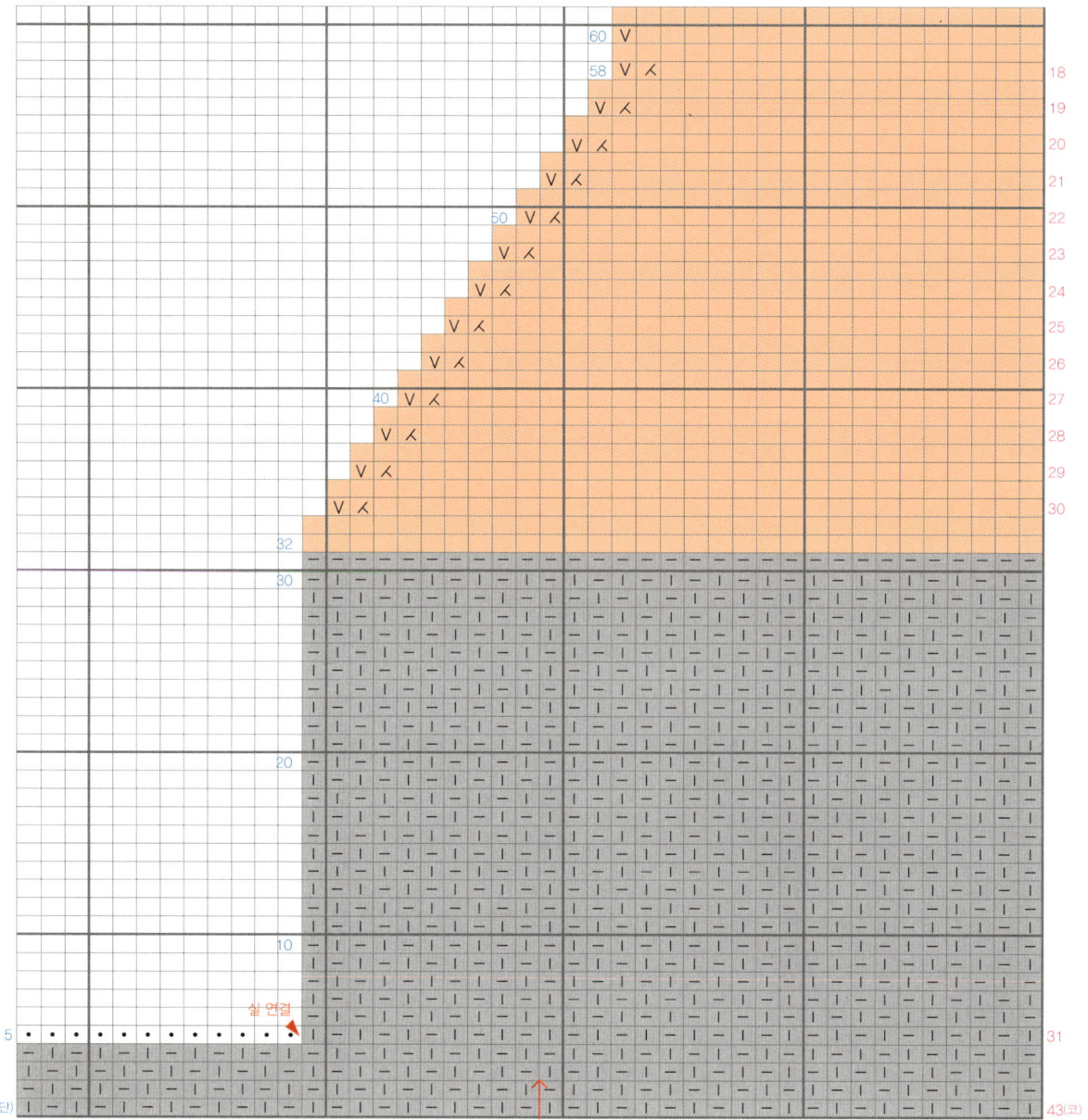

스냅버튼 다는 끈

30코 시작

스냅버튼 다는 끈

딥그레이(네이비) 실로 30코를 만든다.
1단 : 겉 14, 늘리기 2, 겉 14 〈32코〉
2단 : 안뜨기
3단 : 겉 14, 늘리기 1, 겉 1, 늘리기 1, 겉 15 〈34코〉
코막음한다.

조립

1. **러브토마토(민트)**와 **그레이(네이비)** 면의 경계를 반으로 접어, 아랫면과 옆면을 감침질로 연결한다.
2. 12코 코막음한 부분을 뒷쪽으로 반 접어 감침질하여 고리를 만든다.
3. 스냅버튼 다는 끈은 옆으로 접어 가운데를 **러브토마토(민트)** 실로 감침질한 다음, 고리 밑 부분에 대각선으로 달아준다.
4. 반대편 안쪽에 스냅버튼의 볼록한 부분을 달고, 버튼이 겹쳐지는 지갑부분에 버튼의 나머지 부분을 달아준다.

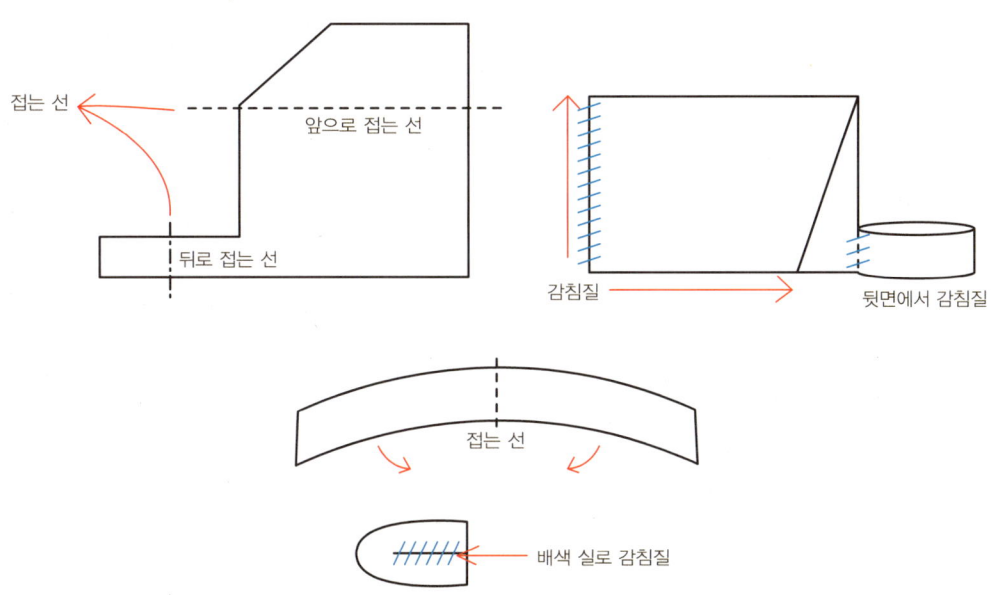

이 주머니는 니터들에게 꼭 필요한 필수 아이템이라고 할 수 있어요. 뜨개에 꼭 필요한 각종 바늘들과 가위, 자, 안전핀 등 뜨개에 필요한 각종 도구들을 나뉜 공간에 안정적으로 보관할 수 있기 때문이죠. 실용적이기도 하고 접을 수도 있어 도구를 보관할 수 있는 매력 만점의 이 저장 주머니는 아주 편리하답니다.

뜨개 도구 주머니

완성 크기 ▮ 21×16 cm
사용 실 ▮ 빈센트 3ply(30g) 2781 민트 ½볼,
　　　　　2762 오션블루 4볼
사용 바늘 ▮ 대바늘 2.5 mm
사용 기법 ▮ 겉뜨기, 안뜨기, 2코 모아뜨기,
　　　　　오른코 줄이기, 걸러뜨기
　　　　　안 2코 모아뜨기,
　　　　　안 2코 꼬아뜨기
게 이 지 ▮ 멍석뜨기 25코×46단
　　　　　메리야스뜨기 29코×48단
부 재 료 ▮ 12 mm스냅버튼

몸판

오션블루 실 3겹으로 91코를 만든다. 겉뜨기 단은 겉뜨기로, 안뜨기 단은 안뜨기로 걸러뜨기 한다.

1단(겉) : 걸러뜨기 1, 겉 24, 안뜨기로 걸러뜨기 1, [겉 1, 안 1]×26, 겉 1, 안뜨기로 걸러뜨기 1, 겉 11

2단 : 걸러뜨기 1, 안 11, [겉 1, 안 1]×26, 겉 1, 안 26

3~132 : [1~2단]×65

133단 : 1단 반복

134단 : 코막음 12, 겉 52, 끝까지 코막음 26 〈53코〉

덮개 부분

민트와 **오션블루** 실을 배색하면서 뜬다.

2개의 실이 만나는 부분에서는 두 개의 실을 꼬아서 교차해준다.

오션블루 실을 새로 연결한다.

1단 : 겉 1, 안 1, 겉 1, (민트)겉 47, (오션블루)[겉 1, 안 1, 겉 1] 〈53코〉

2단 : 겉 1, 안 1, 겉 1, (민트)3코 남을 때까지 안, (오션블루)[겉 1, 안 1, 겉 1]

3단 : 겉 1, 안 1, 겉 1, (민트)오른코 줄이기, 5코 남을 때까지 겉, 2코 모아뜨기, (오션블루)겉 1, 안 1, 겉 1 〈51코〉

4~45단 : [2~3단]×21 〈9코〉

민트 실은 잘라내고, **오션블루** 실로만 뜬다.

46단 : [겉 1, 안 1]×4, 겉 1

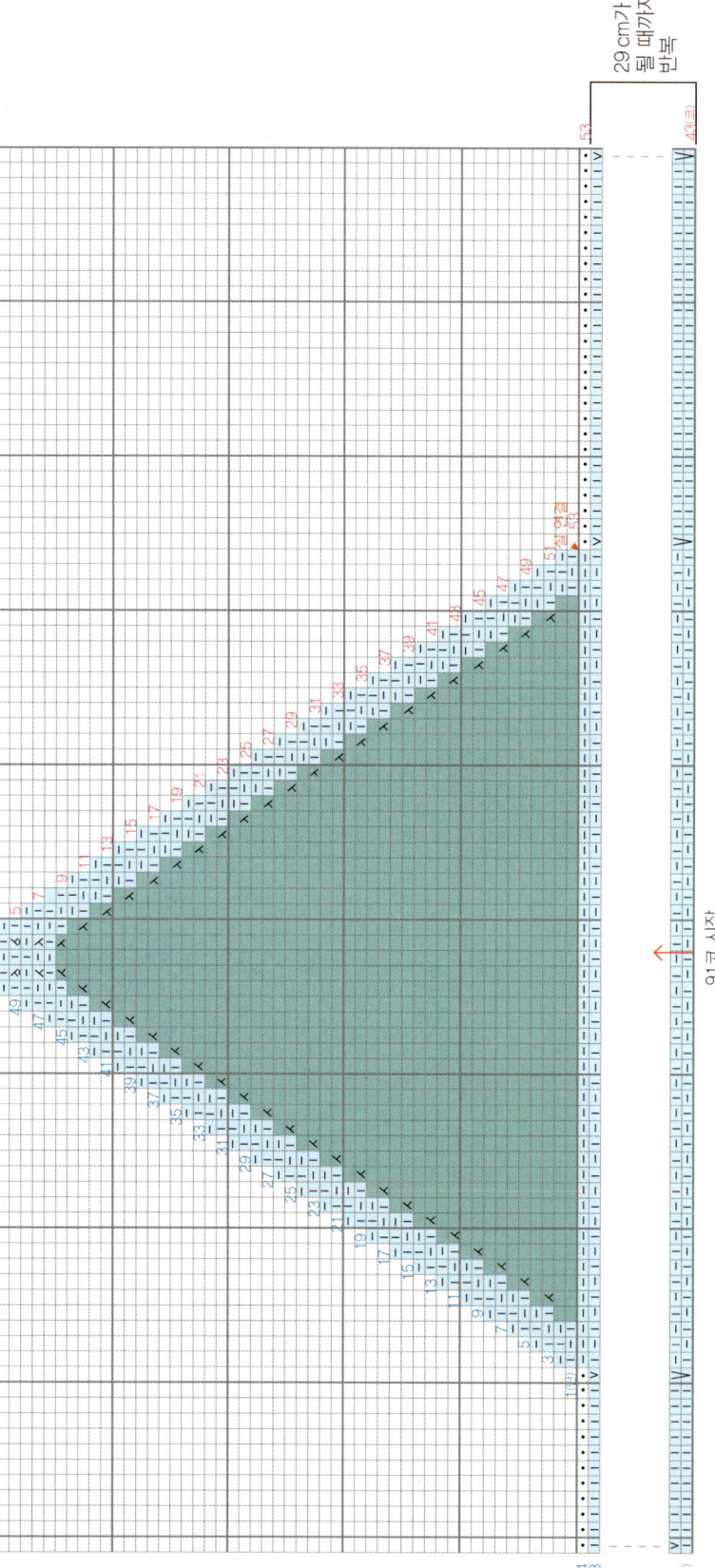

47단 : 겉 1, 안 1, 오른코 줄이기, 안 1, 2코 모아뜨기, 안 1, 겉 1 〈7코〉

48단 : [겉 1, 안 1]×3, 겉 1

49단 : 겉 1, 안 2 모아뜨기, 겉 1, 안 2 꼬아뜨기, 겉 1 〈5코〉

50단 : [겉 1, 안 1]×2, 겉 1

코막음한다.

조립

1. 메리야스뜨기한 몸판 부분의 안뜨기 선을 접어 양 옆면을 감침질한다.

2. 바늘이 들어가는 너비(약 2.5 cm, 바늘의 두께에 따라 넓이를 조정한다. 약 5 cm 정도 두께로 넓은 폭을 만들어주면 가위 같은 도구를 수납하기 좋다)만큼 구분하며 홈질한다. 바늘 넣는 곳을 구분 짓는다.

3. 덮개 부분을 접어서 위치를 확인한 뒤 12 mm 스냅버튼을 달아준다.

> **TIP**
> 바늘 넣는 곳을 구분하는 홈질을 할 때 메리야스의 안뜨기 면의 볼록한 부분과 멍석뜨기의 볼록한 부분을 사용하세요. 안쪽에서 바느질하면 겉으로 바느질 선이 보이지 않고 깔끔하게 바느질 할 수 있어요.

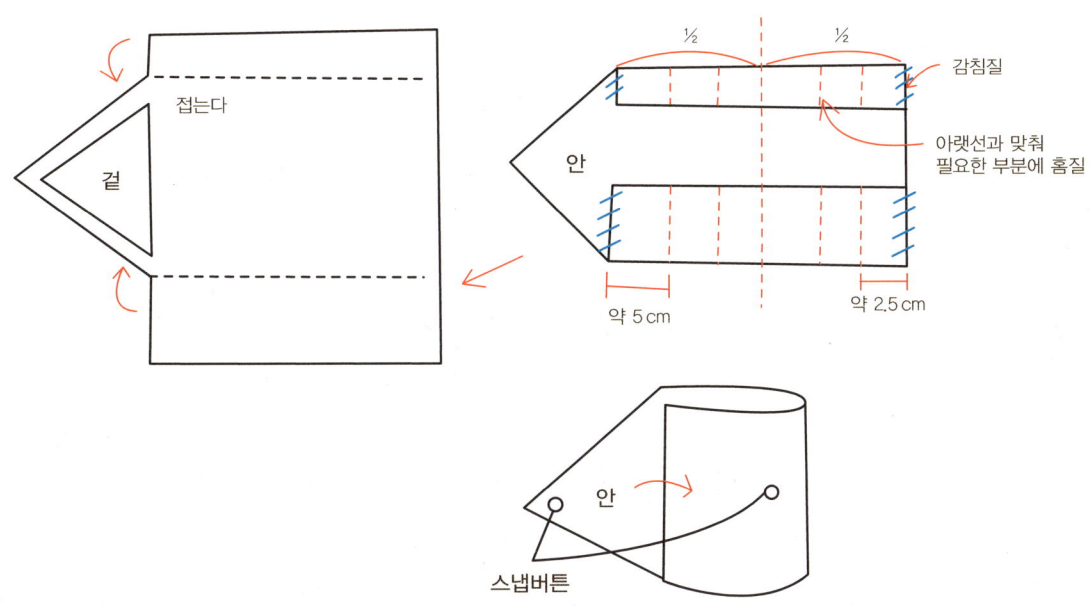

뜨개를 할수록 가지고 있는 바늘의 수는 늘어나는데, 바늘들이 어디에 숨어 있는지 가끔은 찾게 돼요. 없나 싶어 다시 사게 되는 경우도 있고요. 이제는 그러지 않아도 돼요. 대바늘, 코바늘 등 각종 바늘을 한 곳에 꽂아둘 수 있는 바늘 필통이 있잖아요! 뜨개에 필요한 시침바늘을 모아둘 바늘꽂이도 함께 만들어보세요.

바늘 필통

```
완성 크기 : 12×12×14.5 cm
사 용  실 : 네코(45 g) 417 민트 ⅔볼,
           421 네이비 1볼
사 용 바늘 : 코바늘 5호(3.0 mm)
사 용 기법 : 사슬뜨기, 짧은뜨기, 이랑뜨기,
           긴뜨기, 한길긴뜨기, 빼뜨기,
           늘리기
부  재  료 : 지름 9.5 cm PVC판(두께 1 mm)
```

필통 바닥 1

네이비 실로 링을 만들어 원형뜨기 한다. 각 단의 처음은 사슬뜨기, 각 단의 끝은 빼뜨기로 연결한다.

1단 : 짧은뜨기 〈6코〉

2단 : 모든 코 늘리기 〈12코〉

3단 : [짧 1, 늘리기]×6 〈18코〉

4단 : [짧 2, 늘리기]×6 〈24코〉

5단 : [짧 3, 늘리기]×6 〈30코〉

6단 : [짧 4, 늘리기]×6 〈36코〉

7단 : [짧 5, 늘리기]×6 〈42코〉

8단 : [짧 6, 늘리기]×6 〈48코〉

9단 : [짧 7, 늘리기]×6 〈54코〉

10단 : [짧 8, 늘리기]×6 〈60코〉

11단 : [짧 9, 늘리기]×6 〈66코〉

12단 : ★ 코의 앞고리에 이랑뜨기 한다.

[빼 1, 긴 1, 한길긴 1, 한길긴 늘리기, 긴 1]×11, 빼 1, 짧 1, 긴 1, 한길긴 1, 한길긴 늘리기, 한길긴 2, 한길긴 늘리기, 한길긴 1, 긴 1, 짧 1 〈79코〉

남은 실을 자른다.

필통 바닥 2

1. 필통 바닥 1에서 1~11단까지 뜬다.

2. 조직 2장을 안쪽 면이 마주 닿게 놓은 후 11번째 단의 뒤쪽 사슬끼리 감침질한다.

3. 안쪽에 PVC판(지름 9.5 cm)를 넣는다.

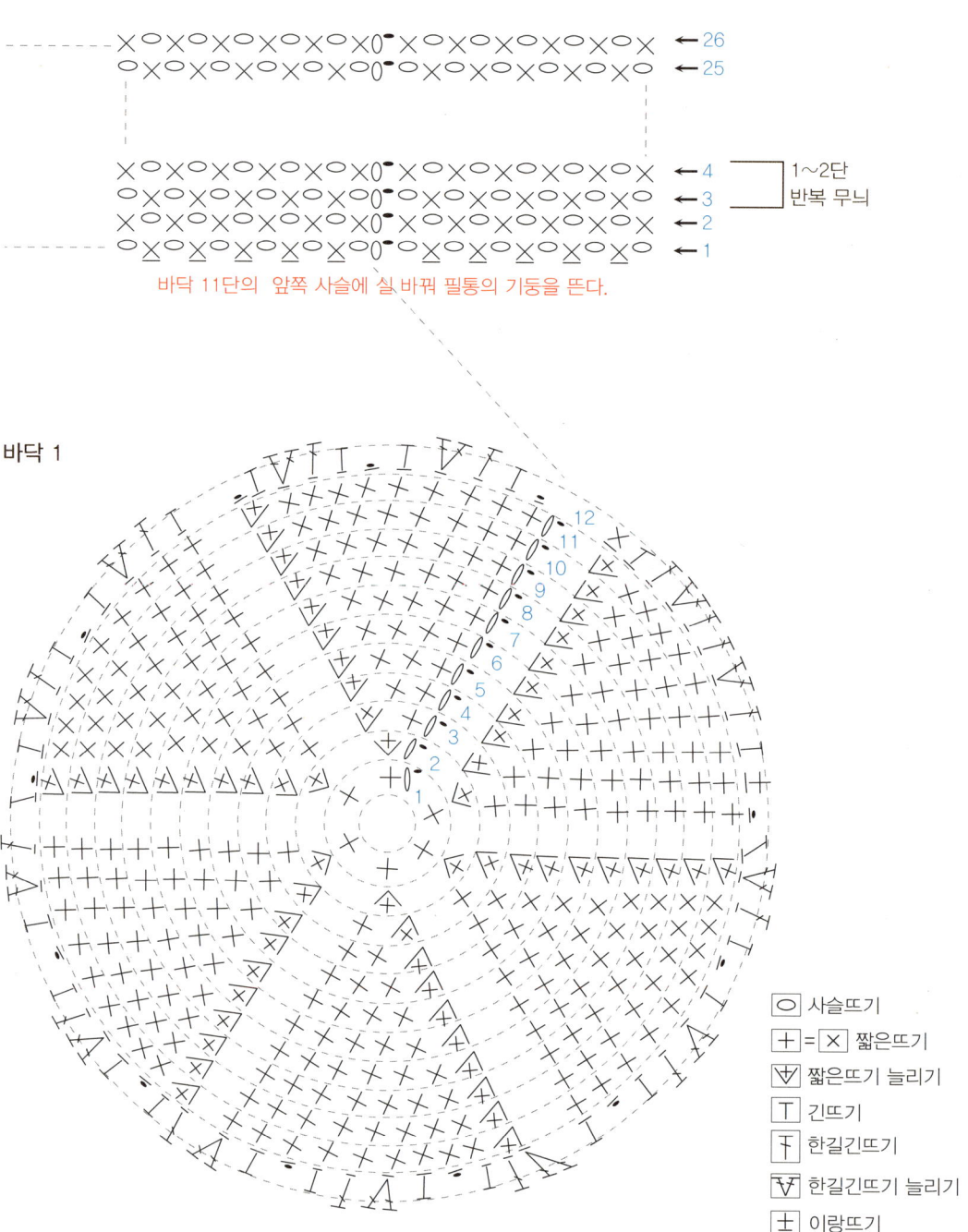

필통 기둥

민트 실을 연결하여 바닥의 안쪽 11단 앞쪽 사슬에서 필통의 기둥 부분을 뜬다. 단의 처음은 기둥코를 세우면서 원형뜨기 한다. 단의 마지막은 빼뜨기로 연결한다.

1단 : [사슬 1, 걸러뜨기 1, 짧 1]×32, 사슬 1
2단 : [짧 1, 사슬 1, 걸러뜨기 1]×32, 짧 1
3~26단 : [1~2단]×12

옆주머니(1장)

네이비 실로 사슬 20코를 만든다. 사슬로 기둥코를 세우면서 평면뜨기 한다.

1~79단 : ★ 코의 뒷고리에 이랑뜨기한다!
짧은뜨기 20코

조립

1. 옆주머니의 시작단과 마지막단을 감침질한다.
2. 바닥 부분에 옆 주머니 옆선을 감침질한다.
3. 바닥의 곡선 부분을 감침질하고, 바닥의 빼뜨기 한 부분, 옆주머니가 필통이 기둥에 맞닿는 부분은 필통 옆주머니와 필통 기둥을 수직으로 박음질한다.

옆주머니(1장)

사슬 20코

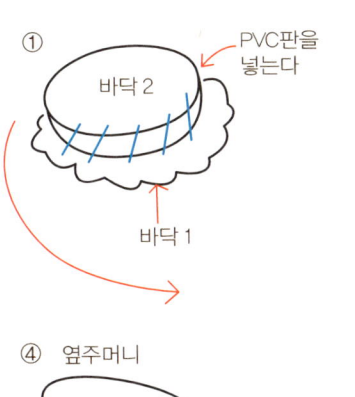
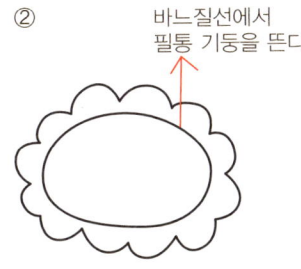

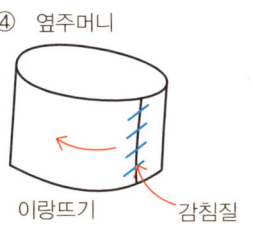
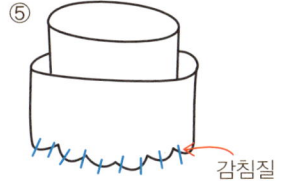
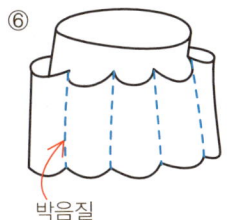

바늘꽂이

완성 크기	7×7×5.5 cm
사용 실	네코(45 g) 417 민트 ⅔볼, 421 네이비 ⅓볼
사용 바늘	코바늘 5호(3.0 mm)
사용 기법	사슬, 짧은뜨기, 이랑뜨기, 늘리기
게 이 지	멍석뜨기 25코×46단 메리야스뜨기 29코×48단
부 재 료	지름 6 cm PVC판

겉 바구니

네이비 실로 링을 만들어 원형뜨기 한다.

각 단의 처음은 사슬뜨기, 각 단의 끝은 빼뜨기로 연결한다.

1단 : 짧은뜨기 6코

2단 : [짧 1, 사슬 1]×6 〈12코〉

짧은뜨기한 코 위에만 뜨고, 사슬 코 위에는 뜨지 않는다.

3단 : [늘리기, 사슬 1]×6 〈18코〉

4단 : [짧 1, 사슬 1]×12 〈24코〉

5단 : [늘리기, 사슬 1, 짧 1, 사슬 1]×6 〈30코〉

6단 : [짧 1, 사슬 1]×18 〈36코〉

7단 : ★ 코의 뒷고리에 이랑뜨기 한다!
    [짧 1, 사슬 1]×18

8~12단까지의 짧은뜨기는 아랫단의 사슬 부분에 뜬다. 짧은뜨기 모양이 엇갈려서 보인다.

8단 : [사슬 1, 짧 1]×18

9~12단 : [7~8단]×2

13단 : ★ 코의 앞고리에 이랑뜨기 한다!
    [짧 1, 사슬 3]×36

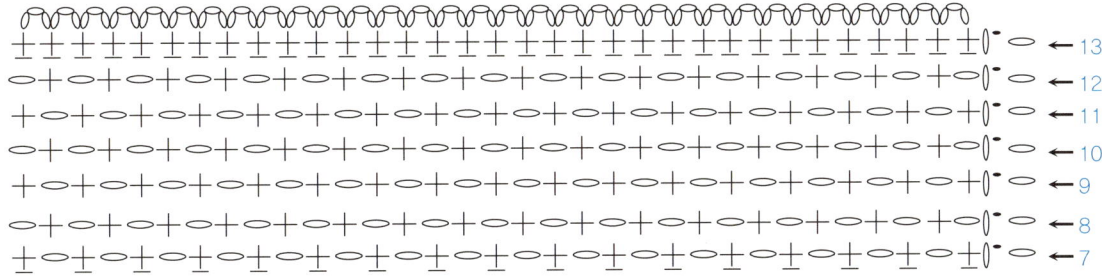

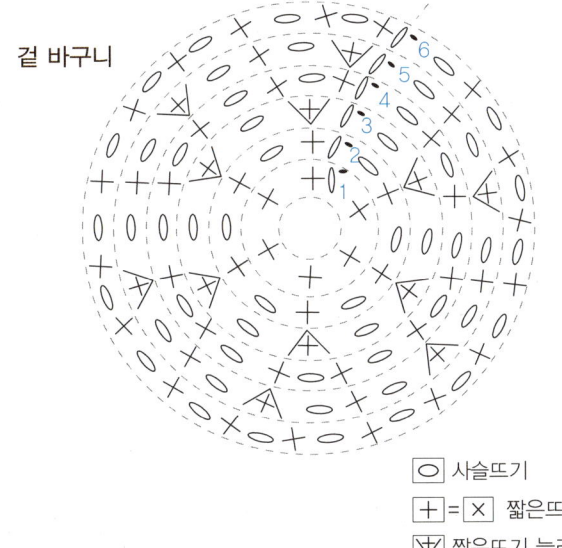

겉 바구니

사슬 11코

○	사슬뜨기
+ = ×	짧은뜨기
∇	짧은뜨기 늘리기
±	이랑뜨기
●	빼뜨기

안쪽 충전재

민트 실로 사슬 11코를 만든다. 기둥코를 세우면서 평면뜨기 한다.

1~110단 : ★ 코의 뒷고리에 이랑뜨기 한다!
　　　　　짧은뜨기 11코

111~120단 : 짧은뜨기 11코

조립

1. 안쪽 충전재 마지막단부터 돌돌 말아준다. 말린 부분 안쪽이 밖으로 밀리지 않게 한 쪽을 바느질하면서 말아준다.

2. 옆선을 감침질로 고정한다.

3. 겉 바구니 바닥에 지름 6cm의 PVC판을 넣고, 안쪽 충전재를 넣는다.

4. 겉 바구니의 12번째 단의 뒤쪽 사슬과 안쪽 충전재를 감침질로 연결한다.

여기저기 흩어져있는 실들을 정리하기 힘들었던 적, 실이 어디 있는지 몰라 한참을 헤매야 했던 적 있으시죠? 그렇다면 실바구니를 하나 만들어보세요. 간단하면서도 실용적인 이 바구니에 실을 넣어두면 더 이상 실을 찾느라 시간을 낭비하지 않아도 돼요. 알록달록 담긴 실바구니는 인테리어상도 예뻐요. 또 실홀더는 실이 굴러다니지 않게 해줘서 안정적으로 뜨개를 할 수 있을 거예요.

실 바구니

■ ■

완성 크기 ǀ 28×28×8cm
사용 실 ǀ 4cm rose cotton(400g)
　　　　　아이보리 1¼팩, 그레이 조금
사용 바늘 ǀ 대바늘 8.0mm
사용 기법 ǀ 겉뜨기, 2코 모아뜨기
게 이 지 ǀ 가터뜨기 10.5코×19단

바닥

아이보리 실로 84코를 만든다.

1~23단 : 홀수단은 겉뜨기

2단 : [2코 모아뜨기, 겉 12]×6 〈78코〉

4단 : [2코 모아뜨기, 겉 11]×6 〈72코〉

6단 : [2코 모아뜨기, 겉 10]×6 〈66코〉

8단 : [2코 모아뜨기, 겉 9]×6 〈60코〉

10단 : [2코 모아뜨기, 겉 8]×6 〈54코〉

12단 : [2코 모아뜨기, 겉 7]×6 〈48코〉

14단 : [2코 모아뜨기, 겉 6]×6 〈42코〉

16단 : [2코 모아뜨기, 겉 5]×6 〈36코〉

18단 : [2코 모아뜨기, 겉 4]×6 〈30코〉

20단 : [2코 모아뜨기, 겉 3]×6 〈24코〉

22단 : [2코 모아뜨기, 겉 2]×6 〈18코〉

24단 : [2코 모아뜨기, 겉 1]×6 〈12코〉

25단 : 2코 모아뜨기×6 〈6코〉

돗바늘로 마무리한다.

옆면

아이보리 실로 7코를 만든다.

겉뜨기로 192단 뜬다.

코막음한다.

조립

1. 옆면의 코 만든 단과 코막음 단을 감침질로 연결하는데, **포인트 색(그레이)**으로 한다.

2. 옆면과 바닥을 감침질로 연결한다.

※ 짝수단의 기호는 반대로 뜬다.

| | 겉뜨기

− 안뜨기

⋋ 안뜨기로 2코 꼬아뜨기 → 반대기호   ⋏ 2코 모아뜨기(=코줄이기)

가터뜨기 192단
7코

실 홀더(대)

완성 크기	지름 13 cm, 높이 15 cm
사용 실	4 cm rose cotton(400 g) 파란색 1팩, 아이보리 조금
사용 바늘	대바늘 8.0 mm
사용 기법	겉뜨기, 2코 모아뜨기
게 이 지	가터뜨기 10.5코×19단

바닥

파란색 실로 36코를 만든다.

1단 : 겉뜨기

2단 : [2코 모아뜨기, 겉 4]×6 〈30코〉

3단 : 겉뜨기

4단 : [2코 모아뜨기, 겉 3]×6 〈24코〉

5단 : [2코 모아뜨기, 겉 2]×6 〈18코〉

6단 : [2코 모아뜨기, 겉 1]×6 〈12코〉

7단 : 2코 모아뜨기×6 〈6코〉

돗바늘로 마무리한다.

옆면

파란색 실로 29코를 만든다.

겉뜨기로 72단 뜬다.

코막음한다.

조립

1. 포인트 색(아이보리)으로 옆면의 시작단과 코막음 단을 감침질한다.

2. 옆면을 반으로 접어 바닥을 감침질로 연결한다.

※ 짝수단의 기호는 반대로 뜬다.

| | 겉뜨기
— 안뜨기
안뜨기로 2코 꼬아뜨기 → 반대기호   2코 모아뜨기(=코줄이기)

실 홀더(소)

완성 크기	지름 12 cm, 높이 10 cm
사 용 실	4 cm rose cotton(400 g) 진그레이 1팩, 파란색 조금
사용 바늘	대바늘 8.0 mm
사용 기법	겉뜨기, 2코 모아뜨기
게 이 지	가터뜨기 10.5코×19단

바닥

진그레이 실로 36코를 만든다.

1단 : 겉뜨기

2단 : [2코 모아뜨기, 겉 4]×6 〈30코〉

3단 : 겉뜨기

4단 : [2코 모아뜨기, 겉 3]×6 〈24코〉

5단 : [2코 모아뜨기, 겉 2]×6 〈18코〉

6단 : [2코 모아뜨기, 겉 1]×6 〈12코〉

7단 : 2코 모아뜨기×6 〈6코〉

돗바늘로 마무리한다.

옆면

진그레이 실로 23코를 만든다.

겉뜨기로 72단 뜬다.

코막음한다.

조립

1. 포인트 색(아이보리)으로 옆면의 시작단과 코막음 단을 감침질한다.
2. 옆면을 반으로 접어 바닥을 감침질로 연결한다.

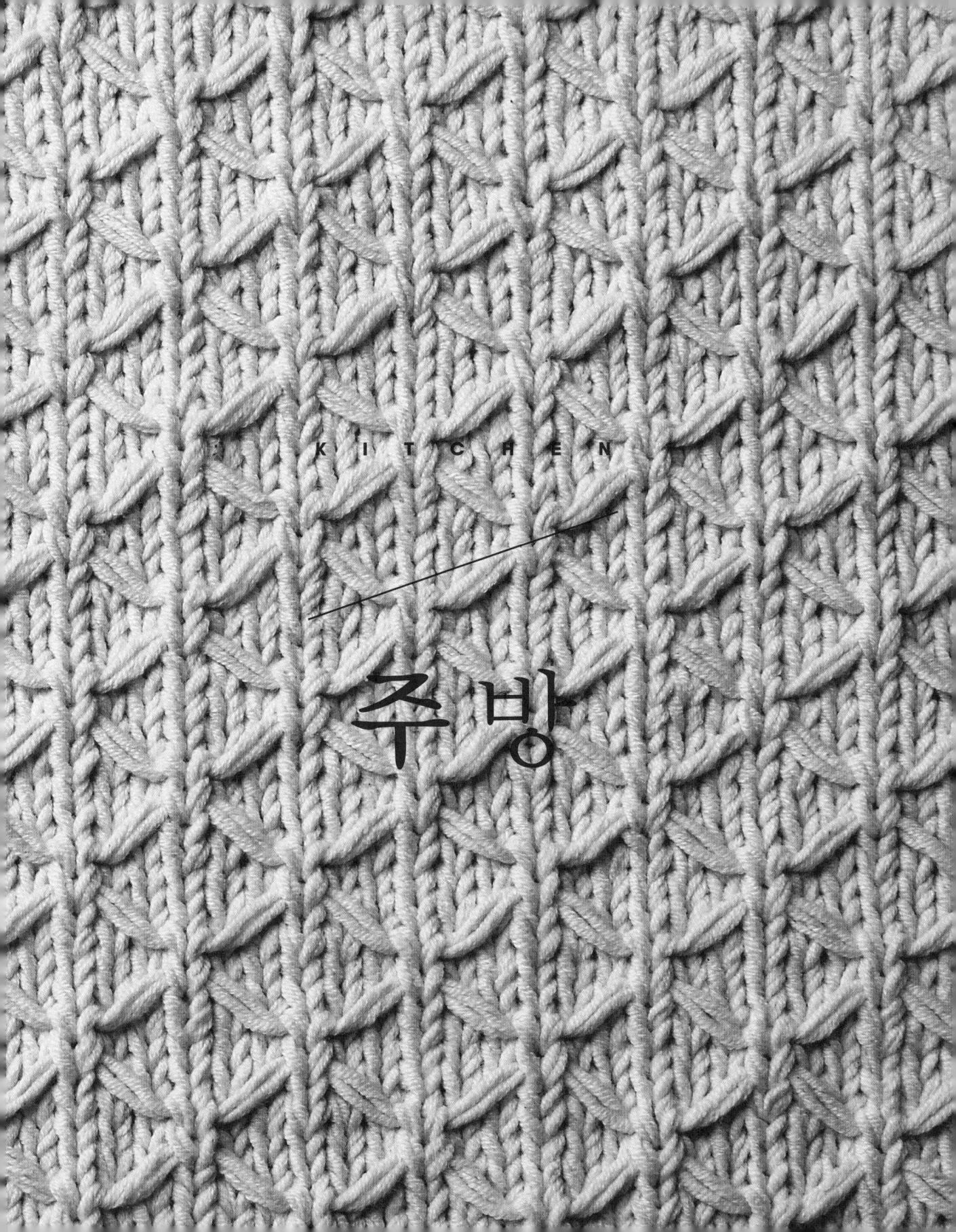

KITCHEN

주방

식탁에 따뜻한 분위기를 불어넣고 싶어
냅킨홀더, 테이블 매트, 수저받침을
세트로 만들었어요. 산뜻한 색깔의 테이블
매트는 입맛을 좋게 하고 식탁에서의
시간을 화사하게 해줘요. 매트를 뜨고 남은
실로 수저받침도 간단하게 만들어봤어요.
수저받침을 사용하니 격조 있어 보이죠.
가끔은 나에게 멋진 만찬을 선물해보세요.

냅킨홀더, 테이블 매트, 수저받침

완성 크기 |
　냅킨홀더 : 지름 4.5 cm, 높이 5 cm
　테이블매트 : 41×30 cm
　수접받침 : 지름 2 cm, 가로 8 cm
사용 실 | 모어 60 g(핸드앤핸드)
　03 오렌지 1 ⅓볼, 14 나무
　1 ⅙볼, 15 딥베이지 1 ⅙볼
사용 바늘 | 코바늘 4호(2.5 mm)
사용 기법 | 짧은뜨기, 겹짧은뜨기, 빼뜨기,
　긴뜨기, 사슬뜨기
게 이 지 | 25코×37단

TIP

겹짧은뜨기

한 코 걸러 한 번씩 아랫단에 짧은뜨기를 한다.

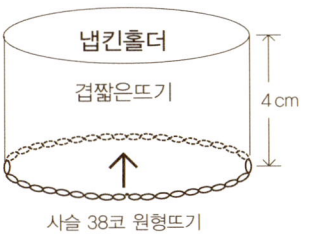

냅킨 홀더(오렌지)

딥베이지 실로 사슬 38코를 만들어 원형코로 시작한다. 매 단의 시작은 사슬 1코로 한다.

딥베이지 실로 짧은뜨기 1단 뜬다.

나무 → 오렌지 → 딥베이지 순서로 겹짧은뜨기를 1단씩 배색하면서 4 cm를 뜬다.

마지막단은 오렌지 실로 끝낸다.

테두리

오렌지 실로 짧은뜨기를 1단 뜬 후 그 위로 빼뜨기 한다.

시작단 테두리

시작단 쪽에 실을 오렌지 연결하여 짧은뜨기 1단 뜬 후 그 위로 빼뜨기 1단을 뜬다.

실을 안쪽으로 정리한다.

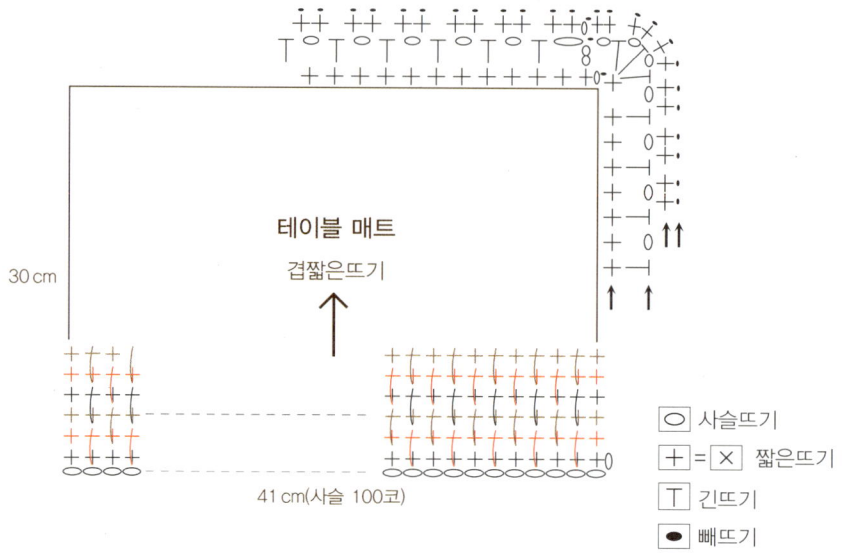

테이블 매트

딥베이지 실로 사슬 100코를 만든다(평면뜨기).

딥베이지 실로 2번째 사슬부터 시작해 짧은뜨기 1단 뜬다.

나무 → 오렌지 → 딥베이지 순서로 겹짧은뜨기를 1단씩 배색하면서 뜬다.

마지막단은 오렌지 실로 끝낸다. (실은 자르지 않고 테두리 단 뜰 때 사용)

※ 편물에 기둥코를 세우지 않고 짧은뜨기 하여 편물의 옆선이 늘어지지 않게 한다.

테두리

사슬로 기둥코를 세우면서 뜬다.

1단 : 오렌지 실로 위 → 왼쪽 옆 → 아래 → 오른쪽 옆 순서로 짧은뜨기

2단 : [긴 1, 사슬 1] 끝까지 반복

※ 모서리에서는 [긴 1, 사슬 1]×3 반복

3단 : 사슬 1코에 짧은뜨기 늘리기

4단 : 되돌아 짧은뜨기

실을 자르고, 남은 실은 정리한다.

수저받침(아이보리)

아이보리 실로 사슬 20코를 만든다(평면뜨기).

겹짧은뜨기를 5cm가 될 때까지 뜬다.

오렌지 실을 연결하여 겹짧은뜨기 1단, 아이보리 실로 전체 길이가 8cm가 되도록 겹짧은뜨기 뜬다.

잘린 실들은 정리하고, 시작단에서 끝단 방향으로 말아서 끝부분을 감침질하여 고정한다.

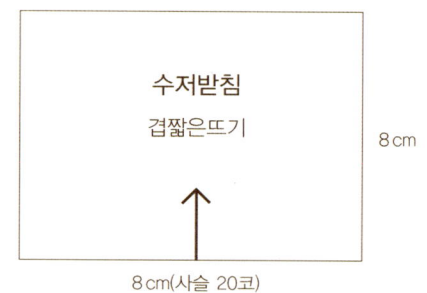

아이보리 테이블 매트

완성 크기	41×30 cm
사용 실	모어 60 g(핸드앤핸드) 16 아이보리 3 ½볼, 03 오렌지 ⅓볼
사용 바늘	코바늘 4호(2.5 mm)
사용 기법	사슬뜨기, 짧은뜨기, 겹짧은뜨기, 되돌아 짧은뜨기
게 이 지	25코×37단

테이블 매트

아이보리 실로 사슬 100코를 만든다(평면뜨기).

1단 : 2번째 사슬부터 시작해 짧은뜨기 99코

높이가 30 cm될 때까지 겹짧은뜨기 한다.

테두리

※ 편물에 기둥코를 세우지 않고 짧은뜨기 하여 편물의 옆선이 늘어지지 않게 한다.

1단 : **아이보리** 실로 위→왼쪽 옆→아래→오른쪽 옆 순서로 짧은뜨기

2단 : **오렌지** 실로 짧은뜨기

※ 모서리는 3코로 늘리기

3단 : **아이보리** 실로 되돌아 짧은뜨기

냅킨홀더(아이보리)

아이보리 실로만 오렌지 냅킨홀더와 같이 배색 없이 뜬다.
테두리는 오렌지 냅킨홀더와 같다.

수저받침(오렌지)

오렌지 실로만 아이보리 수저받침과 똑같이 뜬다.

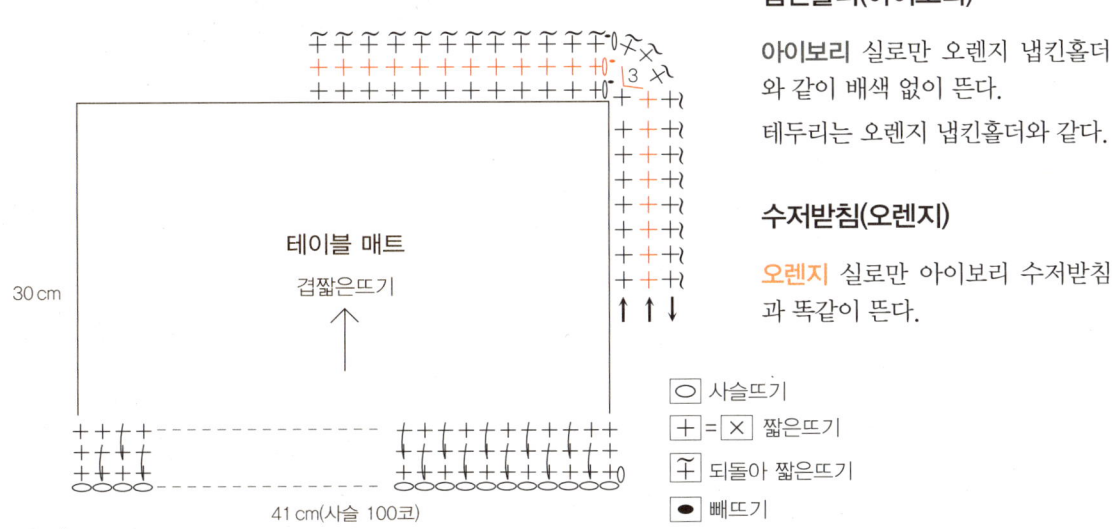

○	사슬뜨기
+ = ×	짧은뜨기
ᵾ	되돌아 짧은뜨기
●	빼뜨기

차 한 잔을 마시더라도 분위기를 찾고
싶을 땐 티 매트가 있어야 해요.
심플한 머그를 우아하게 만들어주니까요.
만드는 데 실도 많이 필요하지 않고, 포인트
무늬는 자투리 실을 활용하면 돼요. 여러 가지
색으로 만들어 놓고 경우에 따라 다양하게
바꿔 써도 좋아요. 머그 밑에 두면, 머그가
미끄러질 염려도 없고 약간의 보온효과도
있어요.

티매트

```
완성 크기 : 10×10 cm
사용  실 : 모어 60g(핸드앤핸드)
           16 아이보리 ⅛볼, 배색실
           (18 블루, 03 오렌지,
           15 딥베이지, 07 딥핑크,
           10 옐로우그린, 02 옐로우,
           14 나무) 조금
사용 바늘 : 코바늘 4호(2.5 mm)
사용 기법 : 짧은뜨기, 긴뜨기, 빼뜨기,
           가운데 짧은뜨기, 사슬뜨기
```

아이보리 실로 링을 만들어 원형코를 만든다.
8단까지는 기둥코 없이 뜬다.
단의 첫 번째 코에 다른 색 실을 걸어 표시하면서 뜨면, 단이 바뀌는 위치를 쉽게 알 수 있다.

1단 : 짧은뜨기 7코
2단 : 늘리기×7 〈14코〉
3단 : [짧 1, 늘리기]×7 〈21코〉
4단 : [짧 2, 늘리기]×7 〈28코〉
5단 : [짧 3, 늘리기]×7 〈35코〉
6단 : [짧 4, 늘리기]×7 〈42코〉
7단 : [짧 5, 늘리기]×7 〈49코〉
8단 : [짧 6, 늘리기]×7 〈56코〉

※ 8~13단 마지막 코를 빼뜨기로 연결한다.

9단과 11단의 첫 긴뜨기는 사슬 2코로 대신한다. 각 단의 끝은 빼뜨기 한다.

9단 : [(긴 1, 사슬 1)×3, 늘리기 사이 사슬, 사슬 1]×7 〈70코〉

배색 실로 바꾼다.

10, 12, 13단은 기둥코를 세우면서 뜨고, 단의 마지막은 빼뜨기로 연결한다.

10단 : (사슬 구멍에)늘리기 끝까지 반복

빼뜨기하면서 **아이보리** 실로 바꾼다.

※ 배색은 25쪽 참고

11단 : [(긴 1, 사슬 1)×4, 늘리기, 사슬 1]×7 〈77코〉

아이보리 실을 자르고 **배색** 실을 연결한다.

12단 : (사슬 구멍에)늘리기 끝까지 반복(11단 늘리기 부분은 긴뜨기 사이에 늘리기 한다) 〈84코〉

13단 : 가운데 짧은뜨기 〈84코〉

실을 자르고, 잘린 실들을 보이지 않게 정리한다.

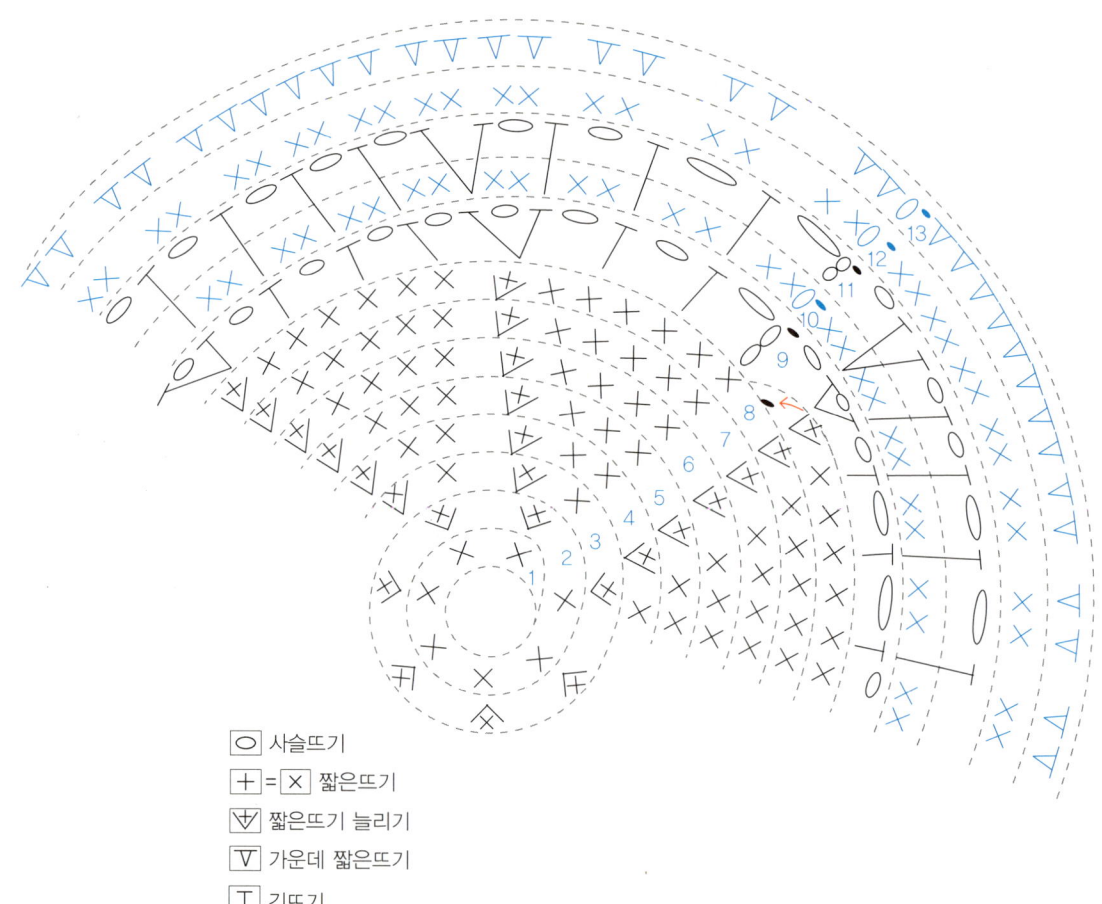

○	사슬뜨기
+ = ×	짧은뜨기
⊽	짧은뜨기 늘리기
V	가운데 짧은뜨기
T	긴뜨기

꽃병홀더 & 양초홀더

완성 크기
꽃병홀더 : 지름 8 cm, 높이 12 cm
양초홀더 1 : 지름 10 cm, 높이 8 cm
양초홀더 2 : 지름 10 cm, 높이 9 cm
사용 실 I 모어 60 g(핸드앤핸드)
03 오렌지 1 ⅓볼, 14 나무 1 ⅙볼,
15 딥베이지 1 ⅙볼
02 옐로우 1 ⅙볼, 16 아이보리 1 ⅙볼,
24 베이지옐로우 1 ⅙볼
사용 바늘 I 장갑바늘 3 mm 4개
사용 기법 I 원형뜨기, 실을 앞으로,
2코 모아뜨기, 겉뜨기

TIP

무늬 뜨기

※ 보이는 기호의 모습대로 뜬다.
병의 크기에 따라 콧수, 단수를 조절하여 뜬다.
시작 코는 반드시 짝수를 만든다.

| I 겉뜨기
| ⋏ 2코 모아뜨기
| O 실을 앞으로

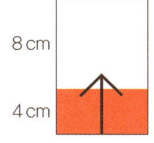

꽃병홀더

오렌지 실로 34코를 만든다(원형뜨기).

1단 : [실을 앞으로, 2코 모아뜨기] 끝까지 반복

2단 : 겉뜨기

3~10단 : [1~2단]×4

11단 : 1단 반복

아이보리 실로 바꾼다.

12단 : 겉뜨기

13~52단 : [1~2단]×20

코막음한다.

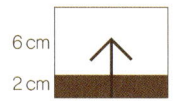

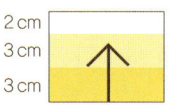

양초홀더 1

나무 실로 40코를 만든다(원형뜨기).

1단 : [실을 앞으로, 2코 모아뜨기] 끝까지 반복

2단 : 겉뜨기

3~8단 : [1~2]×3

9단 : 1단 반복

아이보리 실로 바꾼다.

10단 : 겉뜨기

11~46단 : [1~2단]×18

코막음한다.

양초홀더 2

옐로우 실로 40코를 만든다(원형뜨기).

1단 : [실을 앞으로, 2코 모아뜨기] 끝까지 반복

2단 : 겉뜨기

3~16단 : [1~2단]×7

17단 : 1단 반복

베이비옐로우 실로 바꾼다.

18단 : 겉뜨기

19~32단 : [1~2단]×7

33단 : 1단 반복

아이보리 실로 바꾼다.

34단 : 겉뜨기

35~44단 : [1~2단]×5

코막음한다.

TIP

대바늘 원형뜨기

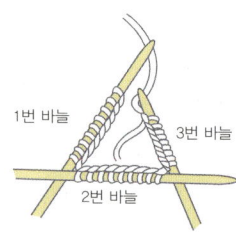

1
장갑 바늘을 가지고 필요한 콧수만큼 만들어 바늘 3개에 똑같이 나눈다.

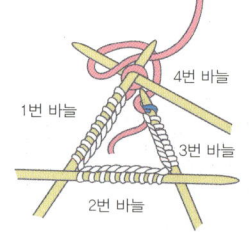

2
3번 바늘 끝에 단수링을 걸어 놓고 단의 처음을 표시한 뒤, 4번 바늘로 실을 잡아당겨 1번 바늘 첫코에 겉뜨기 한다.

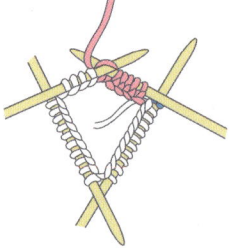

3
1번 바늘, 2번 바늘, 3번 바늘에 걸린 코를 순서대로 겉뜨기 한다. 각 바늘의 첫코는 실을 잡아당겨 겉뜨기를 단단하게 한다.

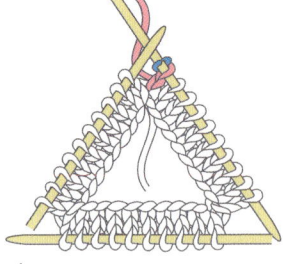

4
각 바늘의 걸린 코를 번갈아가며 겉뜨기하면 원통이 만들어진다. 매 단마다 시작점에 단수링을 옮긴다.

매일 사용하는 의자에 커버를 씌워 새롭게 만들어보세요. 이 커버를 세트로 만들 경우 시간이 꽤 필요하긴 하지만, 그만큼 만족감이 클 거예요. 앉았을 때 등이 편안함을 느낄 수 있어 오랫동안 쓸 수 있을 테니까요. 그리고 의자양말도 함께 만들어보세요. 의자양말을 씌우면 방음 효과가 있어 층간 소음에 대한 걱정을 줄일 수도 있어요.

의자 커버 & 의자 양말

완성 크기 |
  의자 커버 : 44×50 cm
  의자 양말 : 지름 2 cm, 높이 12 cm
사 용 실 | 액센트(70 g) 주황(2겹) 4볼,
  아이보리(2겹) 4볼
사용 바늘 | 대바늘 5.5 mm,
  코바늘 4호(2.5 mm)
사용 기법 | 겉뜨기, 안뜨기, 걸러뜨기,
  걸쳐뜨기
게 이 지 | 16코×26단

의자 커버

대바늘 5.5 mm와 실 2겹으로 69코를 만든다.
(주황과 아이보리로 각각 뜬다.)

1~6단 : 걸러뜨기 1, 겉뜨기(가터뜨기 6단)

7단 : 걸러뜨기 1, 겉 3, 걸쳐뜨기 3, [실을 뒤로 겉 1, 걸쳐뜨기 5]×9, 실을 뒤로 겉 1, 걸쳐뜨기 3, 실을 뒤로 겉 4

8단 : 걸러뜨기 1, 겉 3, 안 61, 겉 4

9단 : 걸러뜨기 1, 겉 3, [7단의 걸쳐뜨기 실과 함께 겉 1, 겉 5]×10, 걸쳐뜨기 실과 함께 겉 1, 겉 4

10단 : 걸러뜨기 1, 겉 3, 안 61, 겉 4

11단 : 걸러뜨기 1, 겉 4, [걸쳐뜨기 5, 실을 뒤로 겉 1]×10, 겉 4

12단 : 걸러뜨기 1, 겉 3, 안 61, 겉 4

13단 : 걸러뜨기 1, 겉 6, [11단의 걸쳐뜨기 실과 함께 겉 1, 겉 5]×10, 겉 2

14단 : 걸러뜨기 1, 겉 3, 안 61, 겉 4

15~118단 : [7~14단]×13

119~121단 : [7~9단]×1

122~127단 : 겉뜨기(가터뜨기 6단)

코막음한다.

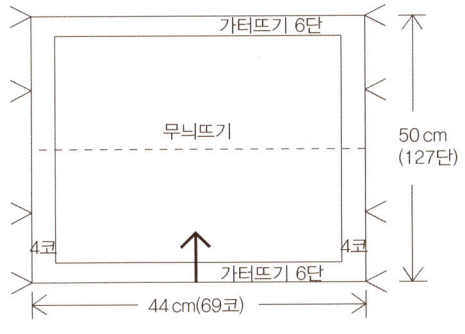

> **TIP**
> - 시작하는 첫코는 겉뜨기 방향으로 걸러뜨기 한다.
> - 무늬뜨기에서 안뜨기 방향으로 걸러뜨기 한다.
> - 걸쳐뜨기할 때 실을 너무 잡아당기지 않게 주의한다.

마무리

4개의 모서리와 위아래 ¼부분 총 8군데에 사슬뜨기 10 cm 정도 뜬다(의자커버를 묶는 용도).
실을 정리한다.

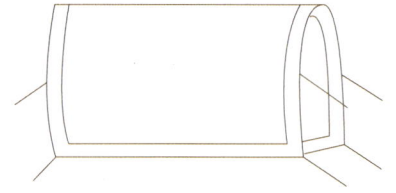

무늬 뜨기

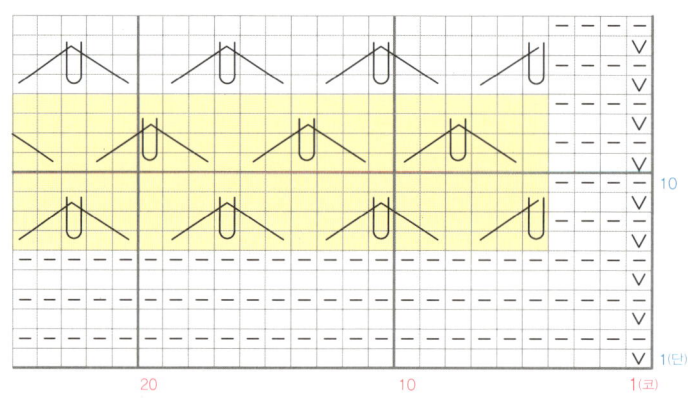

※ 짝수단의 기호는 반대로 뜬다.

| 겉뜨기
— 안뜨기
V 걸러뜨기

> **TIP**
>
> **걸쳐뜨기**
> 실을 앞으로 놓고 안뜨기 방향 걸러뜨기 한 후 실을 뒤로 놓는다.
> 예를 들어 걸쳐뜨기 5이면 실을 앞으로 놓고 안뜨기 방향으로 걸러뜨기 5코 한 후 실을 뒤로 놓는다.

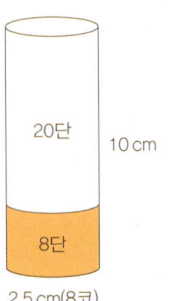

의자 양말(4장)

코바늘 4호와 **주황**(아이보리) 실 1겹으로 링을 만든다.

1단 : 짧은뜨기 8코

2단 : 모든 코 늘리기 〈16코〉

3~8단 : 가운데 짧은뜨기

아이보리(주황) 실로 바꾼다.

9~28단 : 가운데 짧은뜨기 20단 〈16코〉

실을 정리한다.

➕ = ✖ 짧은뜨기
∇ 가운데 짧은뜨기
Ⓥ 짧은뜨기 늘리기

TIP

∇ 가운데 짧은뜨기

아랫단의 코 사이에 짧은뜨기 한다.

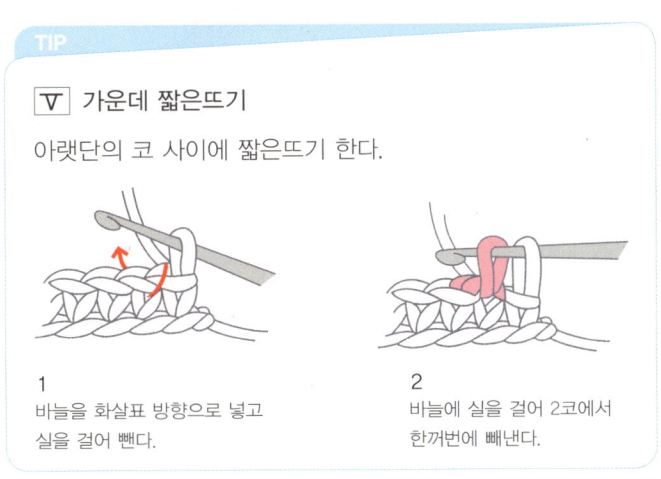

1
바늘을 화살표 방향으로 넣고 실을 걸어 뺀다.

2
바늘에 실을 걸어 2코에서 한꺼번에 빼낸다.

수 세미 전용 실과 대바늘로 수세미를 떠보세요. 주방에서 매일 사용하는 수세미를 취향에 맞게 좋아하는 색의 실을 골라 만들어 사용해보세요. 편리하게 손이 쏙 들어가는 디자인으로, 걸어서 말리기 좋게 고리도 달아줬어요. 아크릴 손뜨개 수세미는 세제 사용도 줄일 수 있는 친환경 소품이에요. 가까운 지인에게 간단한 선물로 주기에도 좋아요.

수세미

■ ■

완성 크기	11×11 cm
사용 실	보니(하마나카, 50 g), 흰색 ¼볼, 배색 ½볼
사용 바늘	장갑바늘 4.5 mm 4개, 코바늘 4호(2.5 mm)
사용 기법	겉뜨기, 실을 앞으로, 2코 모아뜨기
게 이 지	34코×30단

도안

흰색 실로 36코를 만든다(원형뜨기 한다).

※ 대바늘 원형뜨기는 130쪽 참조

1단 : 겉뜨기

2~10단 : [실을 앞으로, 2코 모아뜨기] 끝까지 반복

원하는 배색 실로 바꾼다.

11~29단 : [실을 앞으로, 2코 모아뜨기] 끝까지 반복

30단 : 겉뜨기

코막음하고, 실을 30 cm 이상 길게 남기고 자른다.

마무리

코바늘과 코막음 단에 길게 남긴 실로 사슬뜨기 15코를 만든다. 사슬을 반으로 접어 코막음 부분에 끝을 고정하여 고리를 만든다. 실을 정리한다.

무늬 뜨기(원형)

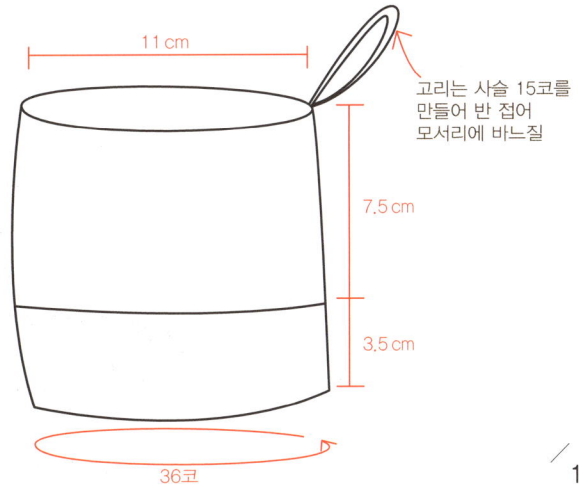

고리는 사슬 15코를 만들어 반 접어 모서리에 바느질

11 cm
7.5 cm
3.5 cm
36코

뜨개 실로 디시 클로스를 만들어보세요. 만들기가 매우 쉬워요. 두 가지 색의 실로 겉뜨기만하면 돼요. 손뜨개 경험이 전혀 없는 사람도 디시 클로스는 한번에 성공할 수 있어요. 금방 완성할 수 있어서 만드는 재미가 더 크답니다. 여러 가지 색으로 몇 개 만들어 선반에 쌓아둬도 예뻐서 자꾸 만들고 싶어질 거예요.

디시 클로스

완성 크기 | 25×25 cm
사 용 실 | 아이돌(45 g) 흰색 1볼,
                배색 ⅓볼
사용 바늘 | 대바늘 4.0 mm
사용 기법 | 겉뜨기, 가터뜨기
게 이 지 | 가터뜨기 20코×40단

흰색 실로 50코를 만든다.
1~70단 : 겉뜨기
배색 실로 바꾼다.
71~100단 : 겉뜨기
코막음한다.
시작과 끝, 배색 부분의 실을 정리한다.

가터뜨기

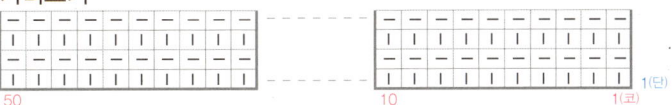

※ 짝수단의 기호는 반대로 뜬다.

| | 겉뜨기
| — | 안뜨기

부엌 한켠에 자리 잡은 각종 병들을 예쁘게 꾸며보고 싶다는 생각이 들었어요. 단순하게 뜨기만 해도 되고, 배색을 하거나 모티브로 떠 보는 것도 좋아요. 다양한 색깔의 실이 조금만 필요하기 때문에 예전에 쓰고 남은 자투리 실을 활용해서 만들 수 있어요. 쓸모가 없다고 생각한 실을 아주 유용하게 사용해서 평범했던 병뚜껑을 산뜻하게 변신시켜보세요.

병뚜껑 커버

■ ■ ■ ■ ■ ■ ■

```
1 기본형  2 배색형  3 모티브형 3가지 동일
완성 크기 : 지름 7 cm, 높이 2 cm
사용  실 : 엑센트2(Hand&Hand) 1 아이보리
           1/7볼, 아이돌 · 네코 자투리실
사용 바늘 : 코바늘 5호(3.0 mm)
사용 기법 : 짧은뜨기, 늘리기, 이랑뜨기,
           빼뜨기, 한길긴뜨기
게 이 지 : 19코×25단
```

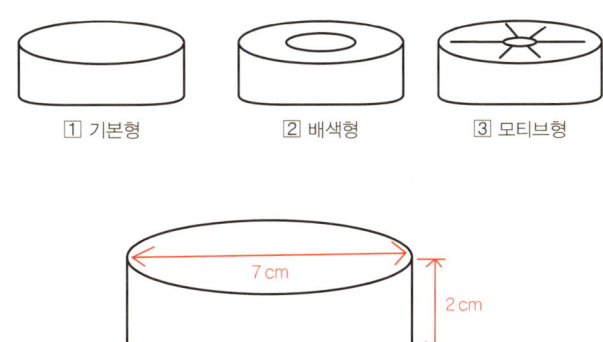

1 기본형

아이보리 실로 링을 만들어 원형코를 만든다. 기둥코를 세우면서 뜨고, 각 단의 끝은 빼뜨기 한다.

1단 : 짧은뜨기 8코

2단 : 모든 코 늘리기 〈16코〉

3단 : [짧 1, 늘리기]×8 〈24코〉

4단 : 짧 1, 늘리기, [짧 2, 늘리기]×7, 짧 1 〈32코〉

5단 : [짧 3, 늘리기 1]×8 〈40코〉

6단 : 짧 2, 늘리기 1, [짧 4, 늘리기]×7, 짧 2 〈48코〉

7단 : [짧 5, 늘리기 1]×8 〈56코〉

자투리 실을 이용해 실을 연결하면서 커버의 옆부분을 끝까지 뜬다.

8단 : (뒷고리에)이랑뜨기

9~10단 : 짧은뜨기 〈56코〉

11단 : [짧 5, 줄이기]×8 〈48코〉

실을 정리한다.

2 배색형

1의 도안과 동일하며, 1~4단까지는 자투리 실을 연결해서 뜬다.

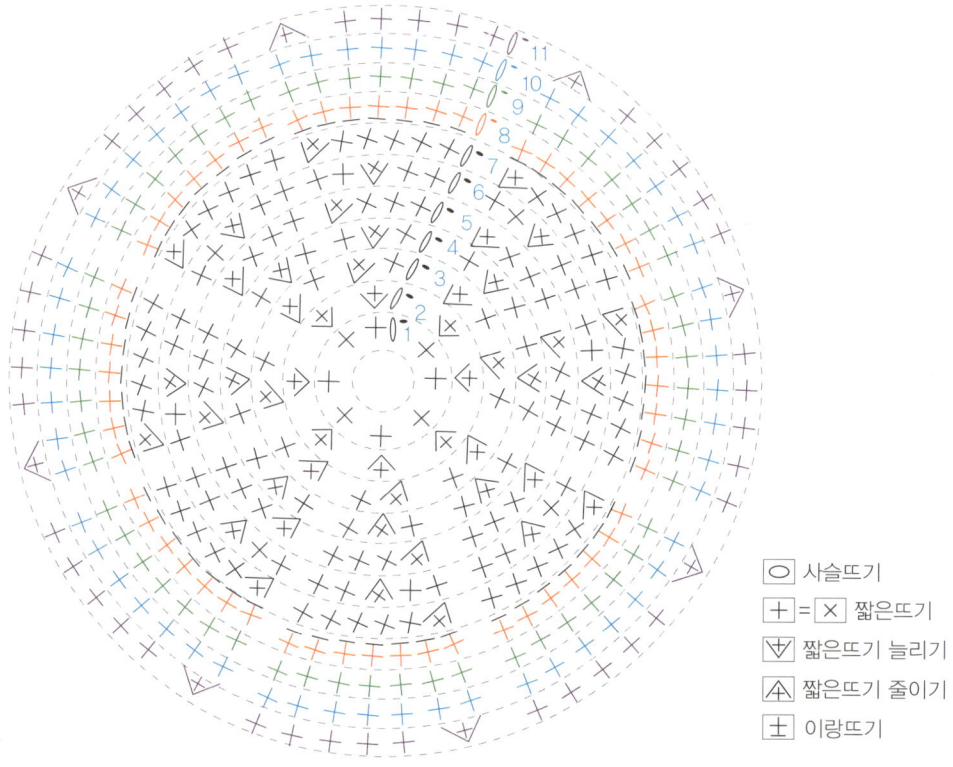

○ 사슬뜨기
+ = × 짧은뜨기
▽ 짧은뜨기 늘리기
△ 짧은뜨기 줄이기
± 이랑뜨기

③ 모티브형

아이보리 실로 링을 만들어 원형코를 만든다.

단의 시작은 기둥코를 세우면서 뜨고, 단의 마지막은 빼뜨기로 연결한다.

1단 : 짧은뜨기 10코

2단 : 사슬 5, [한길긴 1, 사슬 2]×9 〈30코〉

3단은 사슬 2개가 있는 큰 구멍에 뜬다.

3단 : [짧 1, 긴 1, 한길긴 1, 긴 1, 짧 1]×10 〈50코〉

4단 : (이전 단의 짧은뜨기와 긴뜨기, 한길긴뜨기를 차례대로 빼뜨기해서 시작 위치 이동하는데, 한길긴뜨기는 아랫단 한길긴뜨기 코에 뜬다) 사슬 5, 같은 위치 한길긴 1, [사슬 2, (늘리기, 사이 사슬 2)]×9, 사슬 2 〈60코〉

5단 : 빼뜨기 〈60코〉

자투리 실을 이용해 실을 연결하면서 커버의 옆부분을 뜬다.

6단 : (뒷고리에)이랑뜨기

7~8단 : 짧은뜨기

9단 : [짧 4, 줄이기]×10 〈50코〉

실을 정리한다.

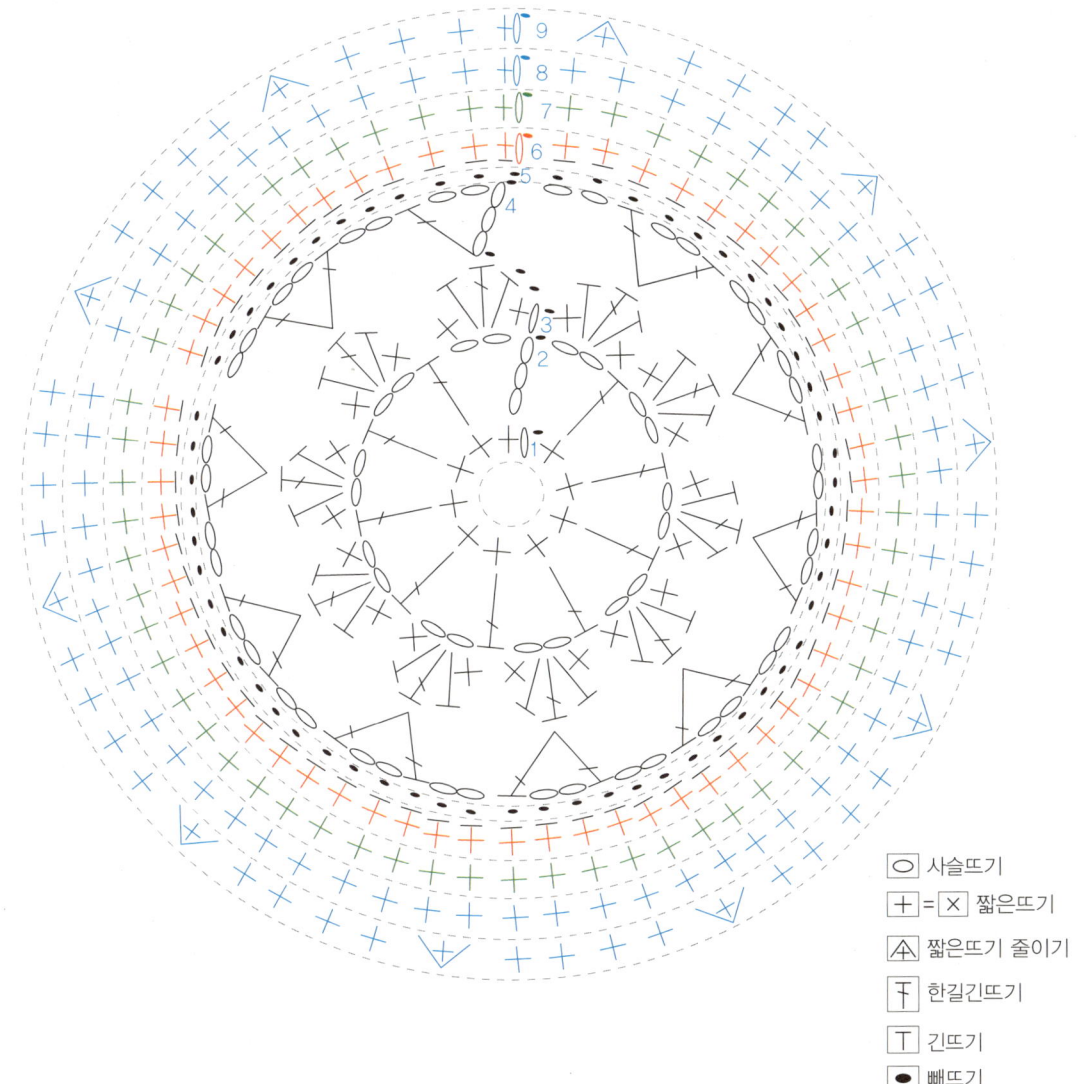

○ 사슬뜨기
+ = × 짧은뜨기
△ 짧은뜨기 줄이기
╪ 한길긴뜨기
T 긴뜨기
● 빼뜨기

143

편리함과 심플함을 상징하는 에코백을 손뜨개로 만들어보세요. 쓰다가 남은 여러 가지 실들을 활용해 무늬를 만들었더니 볼수록 탐나는 에코백이 됐어요. 밋밋한 에코백보다 센스 있어 보이는 에코백이라 좋아요. 자투리 실을 아주 유용하게 사용한 친환경 에코백이기에 뿌듯함도 느낄 수 있어요. 외출할 때마다 에코백만 찾게 될 거예요.

에코백

완성 크기 :
사 용 실 : 액센트2(Hand&Hand) 아이보리 2볼, 아이돌/네코 자투리실
사 용 바늘 : 코바늘 4호(2.5 mm, 가방끈), 코바늘 5호(3.0 mm, 가방베이스), 대바늘 4.5 mm
사 용 기법 : 짧은뜨기, 겉뜨기, 안뜨기
게 이 지 : 코바늘 5호 19코×25단, 대바늘 4.5 mm 18.5코×27단

A 가방 베이스

코바늘 5호와 자투리 실로 사슬 66코를 만든다.

사슬 66코를 따라 빼뜨기 1줄을 뜬 다음, 사슬의 빼뜨기 한 반대편으로 빼뜨기 1줄을 뜬다. 〈132코〉

※ 처음 사슬의 양쪽에 빼뜨기한 곳부터 1단 시작이다.

기둥코를 세우면서 원형뜨기 하고 단의 끝은 빼뜨기 한다.

1단 : [짧 1, 늘리기, 짧 63, 늘리기]×2 〈136코〉

2단 : [짧 1, 늘리기, 짧 65, 늘리기]×2 〈140코〉

3단 : [짧 1, 늘리기, 짧 67, 늘리기]×2 〈144코〉

4~10단 : 짧은뜨기

남은 실을 잘라내고 마무리한다.

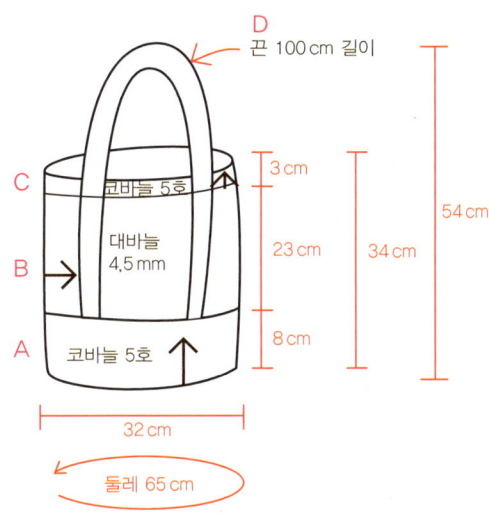

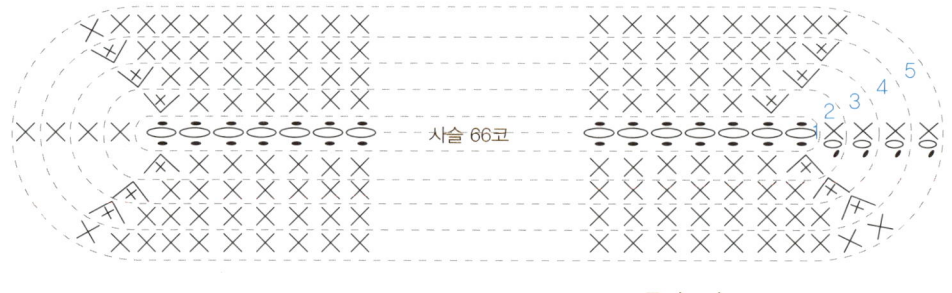

○ 사슬뜨기
+ = × 짧은뜨기
⚠ 짧은뜨기 줄이기
● 빼뜨기

A, C 무늬뜨기

D 무늬뜨기

B 가방의 몸판

대바늘 4.5 mm와 **아이보리** 실로 44코를 만든다.

메리야스뜨기 174단 뜨고, 코막음한다.

※ 가방 둘레인 65 cm 길이만큼 메리야스뜨기

코 시작단과 코막음 단을 겉감끼리 마주대고 박음질한다.

C 가방 윗부분

코바늘 5호와 자투리 실로 배색하면서 사슬 144코를 만든다.

첫 번째 사슬에 빼뜨기 하여 원형으로 만든다.

기둥코를 세우면서 뜨고, 단의 마지막은 빼뜨기로 연결한다.

1~7단 : 짧은뜨기

남은 실을 잘라내고 정리한다.

D 가방끈(2장)

코바늘 4호와 **아이보리** 실로 사슬 9코를 만든다.

1단 : 두 번째 사슬부터 짧8, 방향 바꾸기

2단 : (사슬코 세우지 말고) 첫코부터 바로 짧은뜨기 시작 짧8, 방향 바꾸기

2단을 길이 100 cm가 될 때까지 반복한다.

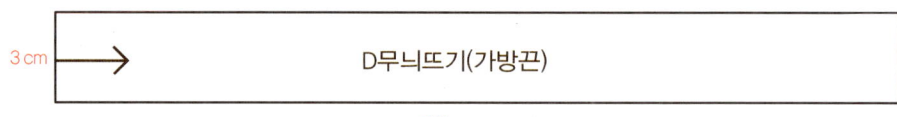

> **TIP**
> 가방 베이스와 윗부분의 콧수로 둘레의 길이를 조정하고 그 둘레의 길이만큼 가방 몸판의 길이를 메리야스뜨기하면, 원하는 크기의 에코백을 만들 수 있어요.

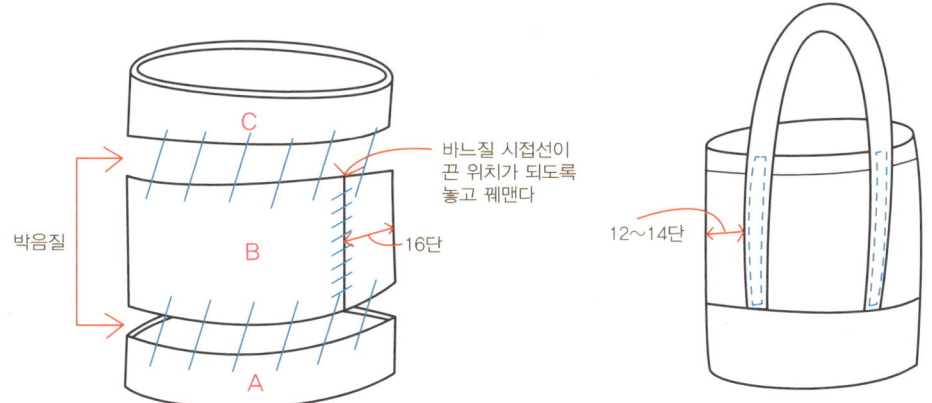

조립

1. Ⓐ의 윗부분과 Ⓑ의 단 끝부분 둘레와 Ⓑ의 반대편 단 끝과 Ⓒ의 아랫부분의 둘레를 맞춰 시침바늘로 고정한다. Ⓑ는 Ⓐ와 Ⓒ보다 안쪽에 위치하게 된다.

2. 이때 Ⓑ의 시접선을 끈이 달릴 위치에 놓는다.
   (시접이 끈에 가려 보이지 않게)

3. 각 면의 바느질선에 위치가 틀어지지 않게 주의하면서 Ⓐ와 Ⓒ의 끝부분에 박음질한다.

4. 접힌 면 양쪽 끝에서 안쪽으로 12~14단 정도 안쪽에 끈이 위치하게 시침바늘로 고정한 뒤, 끈과 같은 실을 사용해 끝과 가방을 그림의 점선처럼 단단히 박음질한다.

KIDS ROOM

아이방

인디언 텐트

양인형 러그 정말 귀엽죠?
아이를 위해 부드러운 실로 만들었더니 보들보들 촉감이 참 좋아요. 아이방과 너무나 잘 어울리는 러그여서 꼭 만들어보고 싶을 거예요. 단순히 바닥에 깔아놓는 용도 외에 양 인형 머리가 아이 의자 역할을 해서 더 실용적이에요. 아이가 이 러그를 떠나지 않으려고 할 거예요.

보들보들 양 인형 러그

```
완성 크기 : 약 110×110 cm
사용   실 : 비젼(85 g) 아이보리(2겹) 4볼,
            소프트베베(80 g)
            01 하양 16볼, 12 꺼멍 ⅜볼
사용 바늘 : 코바늘 6호(3.5 mm, 비젼),
            코바늘 10호(6.0 mm,
            소프트베베)
사용 기법 : 짧은뜨기, 늘리기, 줄이기,
            한길긴뜨기
게 이 지 : 10코×3단
부 재 료 : 나사눈 12 mm 1쌍, 솜 850 g,
           연분홍 펠트
```

몸통

코바늘 10호와 소프트 베베 **하양** 실로 링을 만들어 원형뜨기 한다.
각 단의 첫코는 한길긴뜨기 대신 사슬뜨기 3코로 뜨고 단의 마지막은 빼뜨기 한다.

1단 : 한길긴뜨기 15코

2단 : 모든 코 늘리기 〈30코〉

3단 : [한길긴 1, 늘리기]×15 〈45코〉

4단 : [한길긴 2, 늘리기]×15 〈60코〉

5단 : [한길긴 3, 늘리기]×15 〈75코〉

6단 : [한길긴 4, 늘리기]×15 〈90코〉

7단 : [한길긴 5, 늘리기]×15 〈105코〉

8단 : [한길긴 6, 늘리기]×15 〈120코〉

9단 : [한길긴 7, 늘리기]×15 〈135코〉

10단 : [한길긴 8, 늘리기]×15 〈150코〉

11단 : [한길긴 9, 늘리기]×15 〈165코〉

12단 : [한길긴 10, 늘리기]×15 〈180코〉

13단 : [한길긴 11, 늘리기]×15 〈195코〉

14단 : [한길긴 12, 늘리기]×15 〈210코〉

15단 : [한길긴 13, 늘리기]×15 〈225코〉

16단 : [한길긴 14, 늘리기]×15 〈240코〉

17단 : [한길긴 15, 늘리기]×15 〈255코〉

18단 : [한길긴 16, 늘리기]×15 〈270코〉

19단 : [한길긴 17, 늘리기]×15 〈285코〉

20단 : [한길긴 18, 늘리기]×15 〈300코〉

21단 : [한길긴 19, 늘리기]×15 〈315코〉

22단 : [한길긴 20, 늘리기]×15 〈330코〉

23단 : [한길긴 21, 늘리기]×15 〈345코〉

24단 : [한길긴 22, 늘리기]×15 〈360코〉

25단 : [한길긴 23, 늘리기]×15 〈375코〉

26단 : 짧은뜨기 〈375코〉

> **TIP**
> 인형 러그에 사용된 실은 코가 보이지 않아요. 한길긴뜨기 사이에 넣어 쉽게 뜨세요.

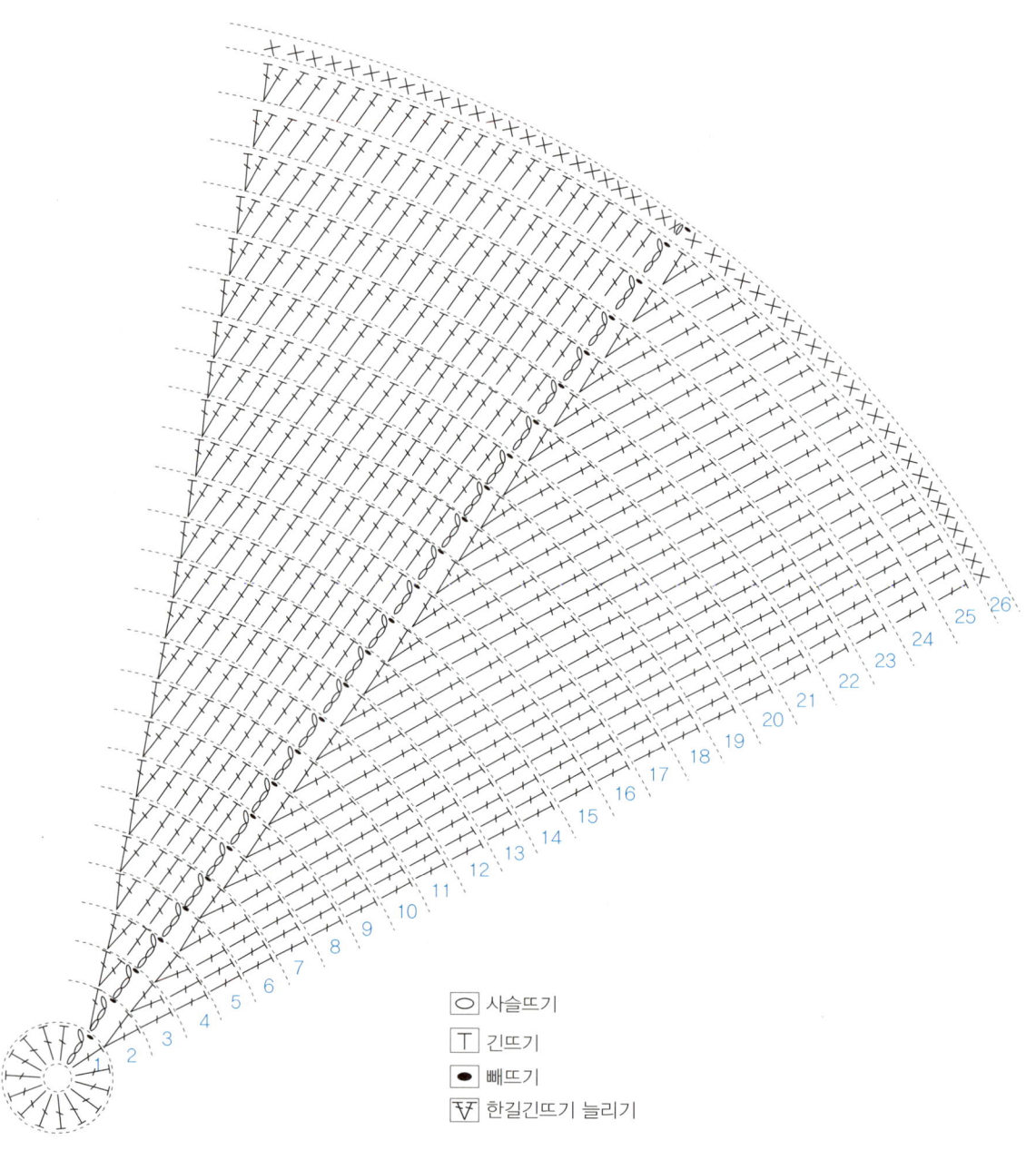

○	사슬뜨기
T	긴뜨기
●	빼뜨기
V	한길긴뜨기 늘리기

머리

코바늘 6호와 비젼 **아이보리** 실 2겹으로 링을 만들어 원형뜨기 한다(기둥코 세우지 않는다).

※ 머리의 윗부분부터 시작한다.

1단 : 짧은뜨기 7코
2단 : 모든 코 늘리기 〈14코〉
3단 : [짧 1, 늘리기]×7 〈21코〉
4단 : [짧 2, 늘리기]×7 〈28코〉
5단 : [짧 3, 늘리기]×7 〈35코〉
6단 : [짧 4, 늘리기]×7 〈42코〉
7단 : [짧 5, 늘리기]×7 〈49코〉
8단 : [짧 6, 늘리기]×7 〈56코〉

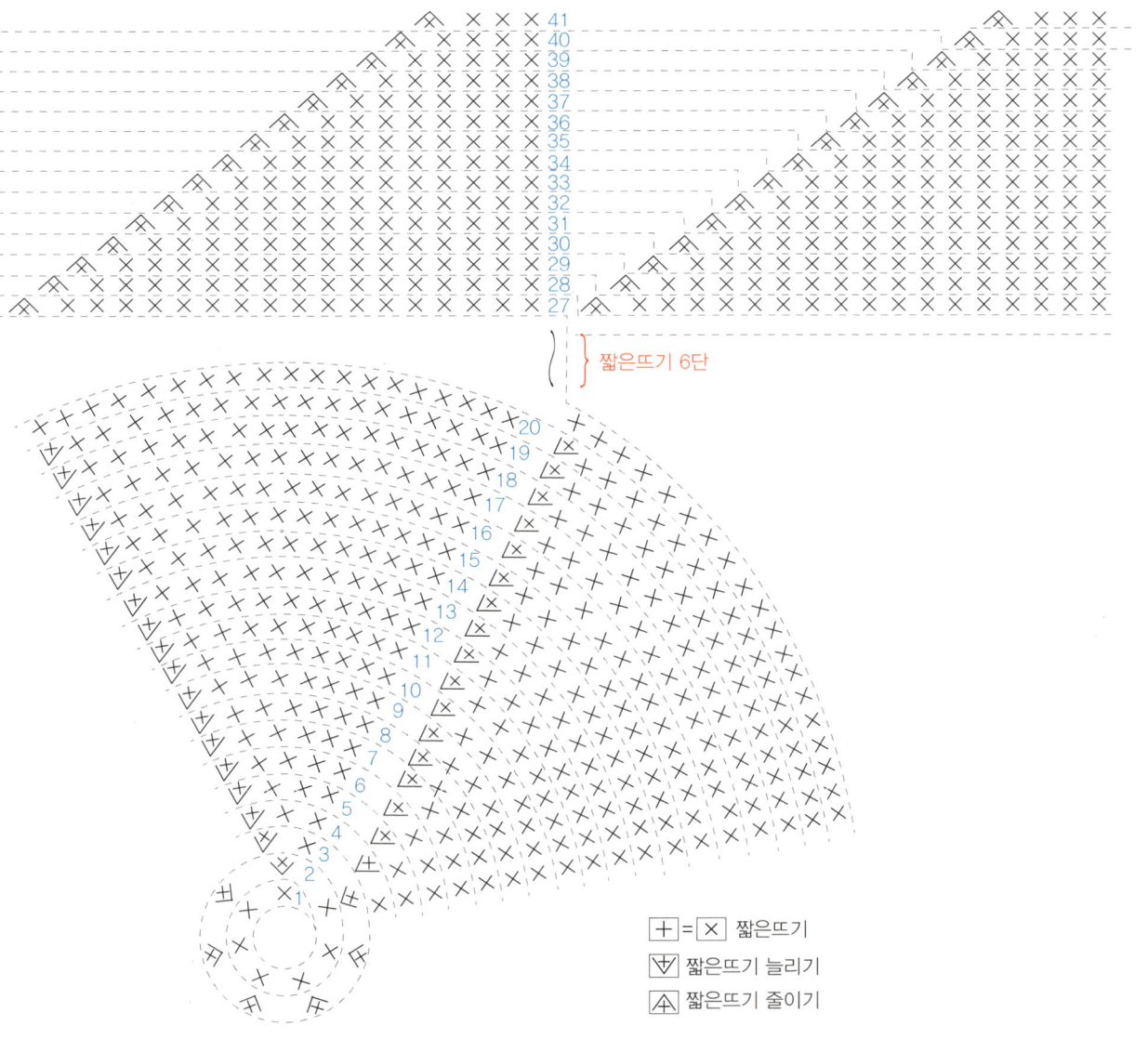

9단 : [짧 7, 늘리기] × 7 〈63코〉
10단 : [짧 8, 늘리기] × 7 〈70코〉
11단 : [짧 9, 늘리기] × 7 〈77코〉
12단 : [짧 10, 늘리기] × 7 〈84코〉
13단 : [짧 11, 늘리기] × 7 〈91코〉
14단 : [짧 12, 늘리기] × 7 〈98코〉
15단 : [짧 13, 늘리기] × 7 〈105코〉
16단 : [짧 14, 늘리기] × 7 〈112코〉
17단 : [짧 15, 늘리기] × 7 〈119코〉
18단 : [짧 16, 늘리기] × 7 〈126코〉
19단 : [짧 17, 늘리기] × 7 〈133코〉
20~26단 : 짧은뜨기 7단
27단 : [짧 17, 줄이기] × 7 〈126코〉
28단 : [짧 16, 줄이기] × 7 〈119코〉
29단 : [짧 15, 줄이기] × 7 〈112코〉
30단 : [짧 14, 줄이기] × 7 〈105코〉
31단 : [짧 13, 줄이기] × 7 〈98코〉
32단 : [짧 12, 줄이기] × 7 〈91코〉
33단 : [짧 11, 줄이기] × 7 〈84코〉
34단 : [짧 10, 줄이기] × 7 〈77코〉
35단 : [짧 9, 줄이기] × 7 〈70코〉
36단 : [짧 8, 줄이기] × 7 〈63코〉
37단 : [짧 7, 줄이기] × 7 〈56코〉
38단 : [짧 6, 줄이기] × 7 〈49코〉
39단 : [짧 5, 줄이기] × 7 〈42코〉
40단 : [짧 4, 줄이기] × 7 〈35코〉
41단 : [짧 3, 줄이기] × 7 〈28코〉

팔, 다리(각 2장)

코바늘 10호와 소프트베베 **하양** 실로 사슬 15코를 만든다(원형뜨기).

각 단의 첫코는 한길긴뜨기 대신 사슬뜨기 3코로 대신한다. 단의 마지막은 빼뜨기 한다.

1~6단 : 한길긴뜨기 15코

꺼멍 실로 바꾼다.

7단 : [한길긴 1, 줄이기] × 5 〈10코〉

8단 : 줄이기 〈5코〉

TIP

배색하기

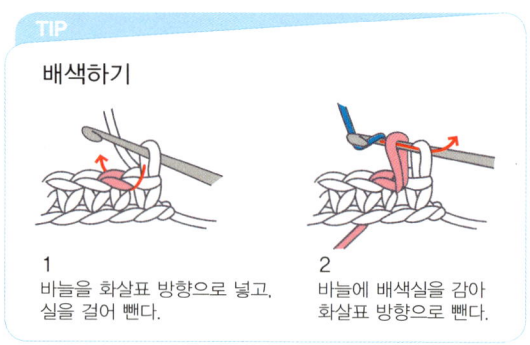

1 바늘을 화살표 방향으로 넣고, 실을 걸어 뺀다.

2 바늘에 배색실을 감아 화살표 방향으로 뺀다.

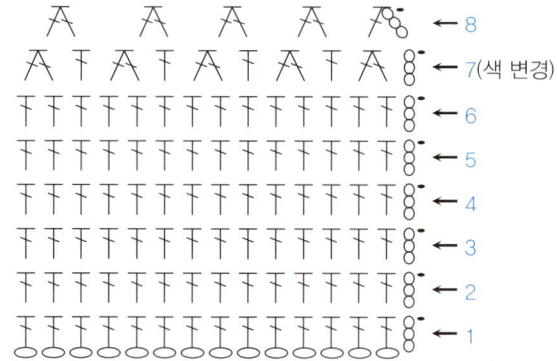

귀(2장)

코바늘 10호와 소프트베베 **꺼멍** 실로 사슬 6코를 만든다(원형뜨기).

각 단의 첫코는 한길긴뜨기 대신 사슬뜨기 3코로, 단의 마지막은 빼뜨기 한다.

1~3단 : 한길긴뜨기 6코

4단 : [한길긴 2, 늘리기]×2 〈8코〉

5단 : [한길긴 3, 늘리기]×2 〈10코〉

6단 : [한길긴 3, 줄이기]×2 〈8코〉

7단 : 3코 줄이기×2 〈2코〉

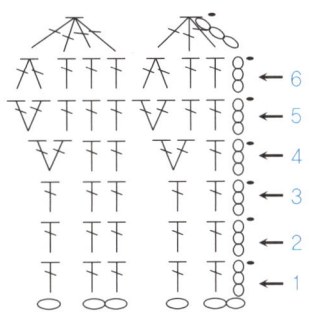

○ 사슬뜨기
干 한길긴뜨기
V 한길긴뜨기 늘리기
A 한길긴뜨기 줄이기
● 빼뜨기

곱슬머리(28장)

코바늘 10호와 소프트베베 **하양** 실로 링을 만든다.

각 단의 첫코는 사슬뜨기 3코로, 단의 마지막은 빼뜨기 한다.

1단 : 한길긴뜨기 15코

2단 : 늘리기×15 〈30코〉

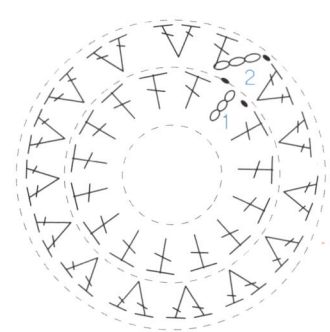

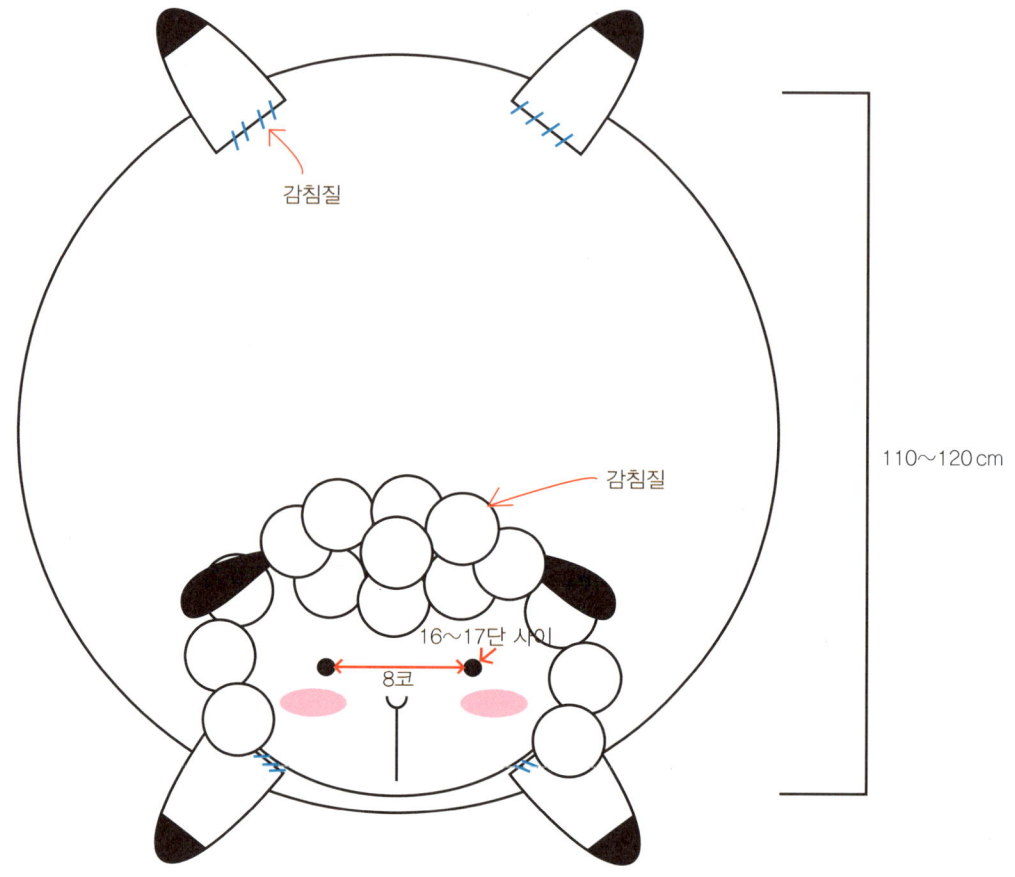

조립

1. 다리 4개는 그림과 같이 위치하여 감침질한다.
2. 나사눈의 위치에 고정하고, 머리에 솜을 넣는다. 머리의 아랫부분은 오므리지 않는다.
3. 귀는 머리의 양쪽에 위치하여 달아준다.
4. 곱슬머리 28개를 머리 부분에 바느질로 고정한다.
5. 연분홍 펠트를 잘라 볼 부분에 바느질하고, 코와 입을 수놓는다.
6. 머리에 솜을 단단히 넣으면서 몸통 위에 바느질로 고정한다.

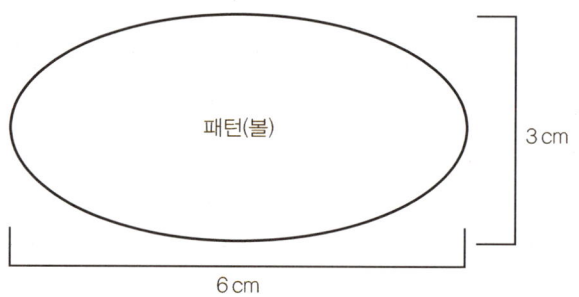

키재기 자

■ ■ ■ ■

완성 크기	높이 130 cm
사용 실	네코(45 g) 402 크림 ¾볼, 401 화이트 ¾볼 아이돌(45 g) 12 풍선껌핑크 ¾볼, 38 울트라파랑 ⅓볼
사용 바늘	코바늘 5호(3.0 mm)
사용 기법	짧은뜨기, 빼뜨기, 사슬뜨기 가운데 짧은뜨기, 늘리기
부 재 료	접착용 펠트지 녹색 45×35 cm 1장, 접착용 펠트지 흰색 1장, 글루건

10 cm 모티브(파랑 4장, 핑크 4장)

파랑(또는 핑크) 실로 링을 만들어 원형뜨기 한다.

1단 : 짧은뜨기 6코
2단 : 모든 코 늘리기 〈12코〉
3단 : [짧 1, 늘리기]×6 〈18코〉
4단 : [짧 2, 늘리기]×6 〈24코〉
5단 : [짧 3, 늘리기]×6 〈30코〉
6단 : [짧 4, 늘리기]×6 〈36코〉
7단 : [짧 5, 늘리기]×6 〈42코〉

화이트 실로 바꾼다.

8단 : [짧 6, 늘리기]×6 〈48코〉

크림 실로 바꾼다.

9단 : [짧 7, 늘리기]×6 〈54코〉

화이트 실로 바꾼다.

10단 : [짧 8, 늘리기]×6 〈60코〉

크림 실로 바꾼다.

11단 : [가운데 짧은뜨기 9, 늘리기]×6 〈66코〉

빼뜨기 후 실을 잘라내고 정리한다.

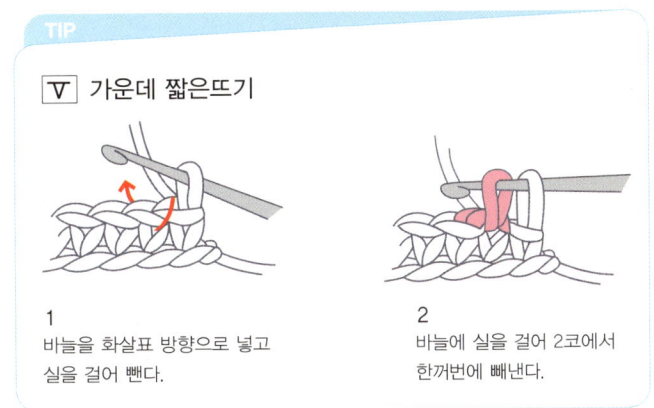

TIP

Ⅴ 가운데 짧은뜨기

1 바늘을 화살표 방향으로 넣고 실을 걸어 뺀다.

2 바늘에 실을 걸어 2코에서 한꺼번에 빼낸다.

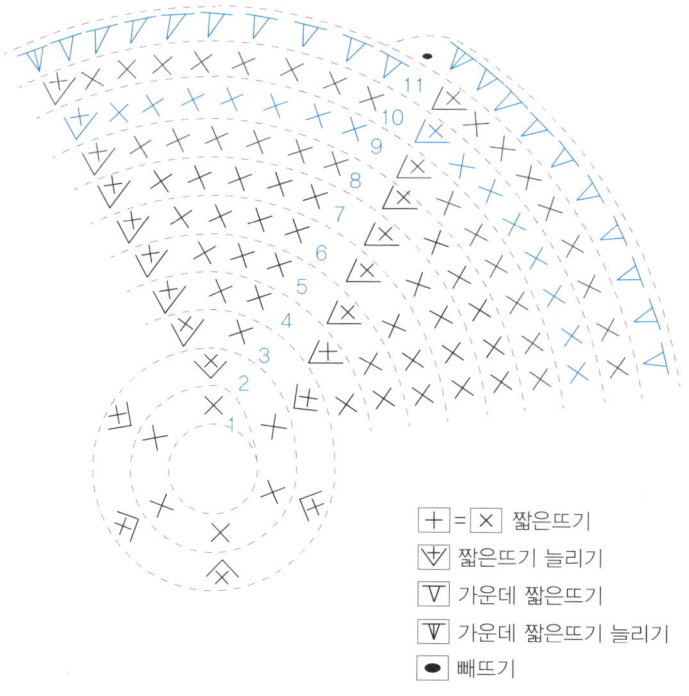

+ = × 짧은뜨기
V 짧은뜨기 늘리기
V 가운데 짧은뜨기
V 가운데 짧은뜨기 늘리기
● 빼뜨기

5 cm 모티브(7장)

크림 실로 10 cm 모티브의 6단까지 뜬다.

4 cm 모티브(파랑 3장, 핑크 3장)

파랑(또는 핑크) 실로 링을 만들어 10 cm 모티브의 4단까지 뜬다.

4 cm 폼폼(파랑 3장, 핑크 4장)

1. 딱딱한 골판지를 그림과 같이 자른 후 실을 50번 정도 감고, 가운데 묶는다.

2. 감긴 실을 골판지에서 빼낸 뒤 고리 부분의 위아래를 모두 가위로 자른다.

3. 공모양이 되도록 실의 길이를 맞추어 다듬는다.

조립

1. 나뭇가지 도안을 200% 확대하여 펠트지를 자른다.
2. 원하는 위치의 벽에 펠트지 뒤 종이를 떼고 붙인다.
3. 숫자는 도안의 크기대로 흰색 펠트지를 자른다.
4. 사진처럼 10 cm 모티브 위에 붙인다. 순서대로 나뭇가지 위에 고정한다.
5. 나무의 중심가지 위에 4 cm, 5 cm 모티브를 붙이고, 크림(5 cm) 모티브 위에 4 cm 폼폼을 장식한다.

숫자 펠트 도안(1:1 도안)

나무 펠트 도안(50% 축소, 200% 확대해서 사용)

동물 인형 쿠션은 아이들에겐 쿠션보다는
인형 놀이도구 역할이 클 거예요.
아이들은 각자 동물 흉내를 내며 재미있게
놀겠죠. 서로 동물을 바꿔가며 누가 흉내를
더 잘 내는지도 이야기하고, 쿠션을 보며
그림도 그릴 거예요. 안았을 때 폭신폭신하여
잠자리에서 꼭 껴안고 자려고 할지도 몰라요.

여우 인형 쿠션

```
완성 크기 : 40×40 cm
사 용  실 : 네코(45 g) 405 오렌지 5볼,
           아이돌(45 g) 33 카레브라운
           ⅓볼, 401 화이트 1 ⅓볼
사용 바늘 : 대바늘 3.5 mm,
           코바늘 4호(2.5 mm)
사용 기법 : 겉뜨기, 안뜨기, 오른코 줄이기,
           2코 모아뜨기, 안 2코 모아뜨기,
           짧은뜨기, 늘리기, 줄이기,
           걸러뜨기
게 이 지 : 22.5코×32단
부 재 료 : 싸개단추(지름 2 cm),
           40×40 쿠션솜, 지퍼 45 cm,
           단추눈 8 mm 1쌍, 구름솜 8 g
```

TIP
쿠션솜 40 cm에 맞춰 만드세요. 사람마다 손의 장력이 다르므로 게이지를 기준으로 콧수와 단수를 조절하여 뜹니다.

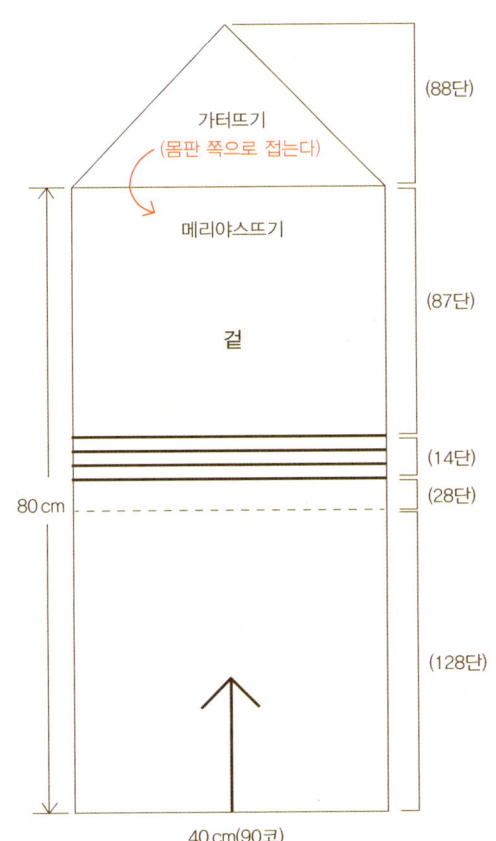

몸통

오렌지 실로 90코를 만든다.

1~156단 : 메리야스뜨기 156단

카레브라운 실로 바꾼다.

157~158단 : 메리야스뜨기 2단

오렌지 실로 바꾼다.

159~160단 : 메리야스뜨기 2단

161~168단 : [157~160단]×2 (배색하기)

카레브라운 실로 바꾼다.

169~170단 : 메리야스뜨기 2단

오렌지 실로 바꾼다.

171~257단 : 메리야스뜨기 87단
(겉뜨기로 끝난다)

머리 부분

화이트 실로 바꾼다.

258~259단 : 겉뜨기(가터뜨기 2단)

260단 : 걸러뜨기 1, 오른코 줄이기, 3코 남을 때까지 겉, 2코 모아뜨기, 겉 1 〈88코〉

261단 : 걸러뜨기 1, 끝까지 겉

262~345단 : [260~261단]×42 〈4코〉

346단 : 오른코 줄이기, 2코 모아뜨기 〈2코〉

347단 : 2코 모아뜨기

실을 자르고 남은 1코에 넣어 잡아당긴다.

TIP

가터무늬 뜨기

※ 짝수단의 기호는 반대로 뜬다.

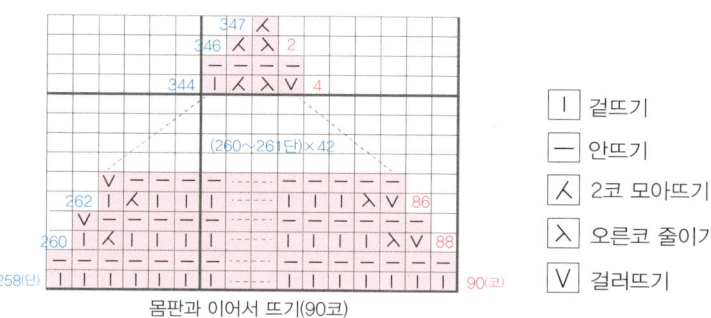

몸판과 이어서 뜨기(90코)

I	겉뜨기
—	안뜨기
人	2코 모아뜨기
入	오른코 줄이기
V	걸러뜨기

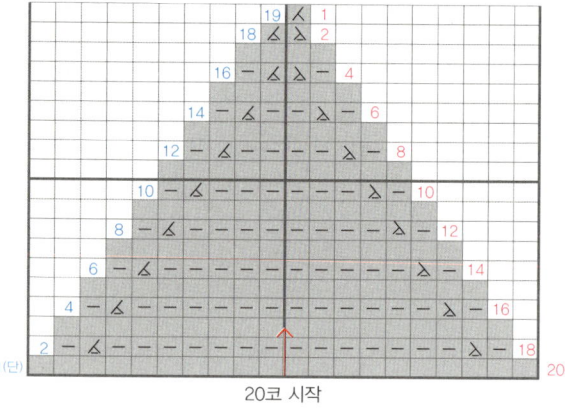

오른쪽 귀(뒤)

오른쪽 귀(뒤)

화이트 실로 20코를 만든다.

1단 : 겉뜨기

2단 : 겉 1, 오른코 줄이기, 3코 남을 때까지 겉, 2코 모아뜨기, 겉 1 〈18코〉

3~16단 : [1~2단]×7 〈4코〉

17단 : 겉뜨기

18단 : 오른코 줄이기, 2코 모아뜨기 〈2코〉

19단 : 2코 모아뜨기

실을 자르고 남은 1코에 넣어 잡아당긴다.

※ 짝수단의 기호는 반대로 뜬다.

入 안뜨기로 2코 꼬아뜨기 → 반대기호 人 2코 모아뜨기(=코줄이기)

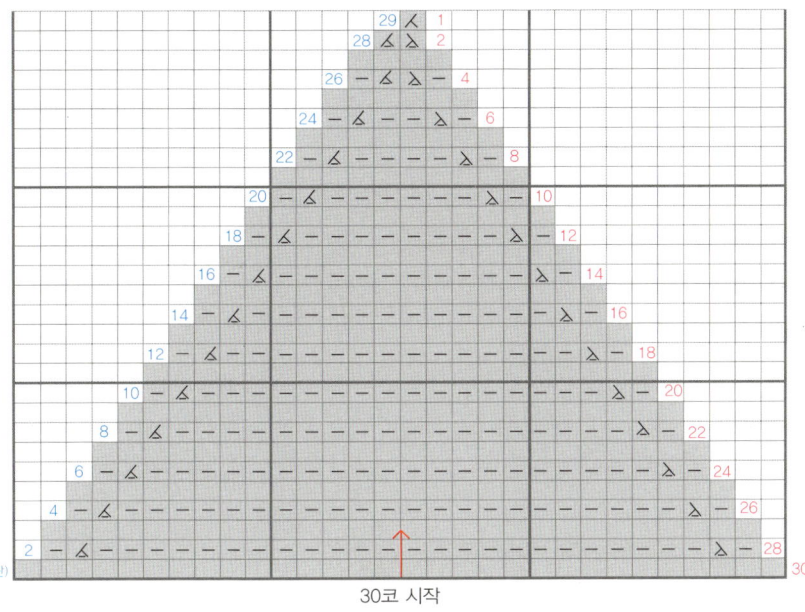

왼쪽 귀(뒤)

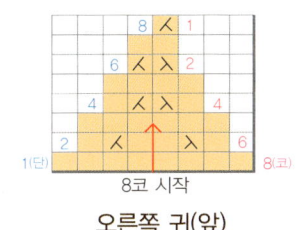

오른쪽 귀(앞)

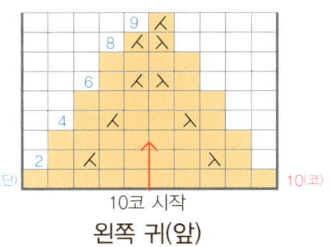

왼쪽 귀(앞)

왼쪽 귀(뒤)

화이트 실로 30코를 만든다.

1단 : 겉뜨기

2단 : 겉 1, 오른코 줄이기, 3코 남을 때까지 겉, 2코 모아뜨기, 겉 1 〈28코〉

3~26단 : [1~2단]×12 〈4코〉

27단 : 겉뜨기

28단 : 오른코 줄이기, 2코 모아뜨기 〈2코〉

29단 : 2코 모아뜨기

실을 자르고 남은 1코에 넣어 잡아당긴다.

오른쪽 귀(앞)

오렌지 실로 8코를 만든다.

1단 : 안뜨기

2단 : 겉 1, 오른코 줄이기, 3코 남을 때까지 겉, 2코 모아뜨기, 겉 1 〈6코〉

3~4단 : [1~2단]×1 〈4코〉

5단 : 안뜨기

6단 : 오른코 줄이기, 2코 모아뜨기 〈2코〉

7단 : 안뜨기

8단 : 2코 모아뜨기

실을 자르고 남은 1코에 넣어 잡아당긴다.

왼쪽 귀(앞)

오렌지 실로 10코를 만든다.

1단 : 안뜨기

2단 : 겉 1, 오른코 줄이기, 3코 남을 때까지 겉, 2코 모아뜨기, 겉 1 〈8코〉

3~6단 : [1~2단]×2 〈4코〉

7단 : 안뜨기

8단 : 오른코 줄이기, 2코 모아뜨기 〈2코〉

9단 : 2코 모아뜨기

실을 자르고 남은 1코에 넣어 잡아당긴다.

팔, 다리(각 2장)

오렌지 실로 15코를 만든다.

1~10단 : 메리야스뜨기 10단

11단 : [겉 2, 늘리기, 겉 2]×3 〈18코〉

12~18단 : 메리야스뜨기 7단

19단 : [겉 3, 늘리기, 겉 2]×3 〈21코〉

20~24단 : 메리야스뜨기 5단

25단 : [겉 4, 늘리기, 겉 2]×3 〈24코〉

26~28단 : 메리야스뜨기 3단

29단 : [겉 5, 늘리기, 겉 2]×3 〈27코〉

30단 : 안뜨기

카레브라운 실로 바꾼다.

31~33단 : 메리야스뜨기 2단

33단 : [겉 5, 2코 모아뜨기, 겉 2]×3 〈24코〉

34단 : 안뜨기

35단 : [겉 4, 2코 모아뜨기, 겉 2]×3 〈21코〉

36단 : 안뜨기

37단 : [겉 3, 2코 모아뜨기, 겉 2]×3 〈18코〉

38단 : [안 2, 안 2코 모아뜨기, 안 2]×3 〈15코〉

39단 : 겉 1, 2코 모아뜨기×6, 겉 2 〈9코〉

돗바늘로 마무리한다.

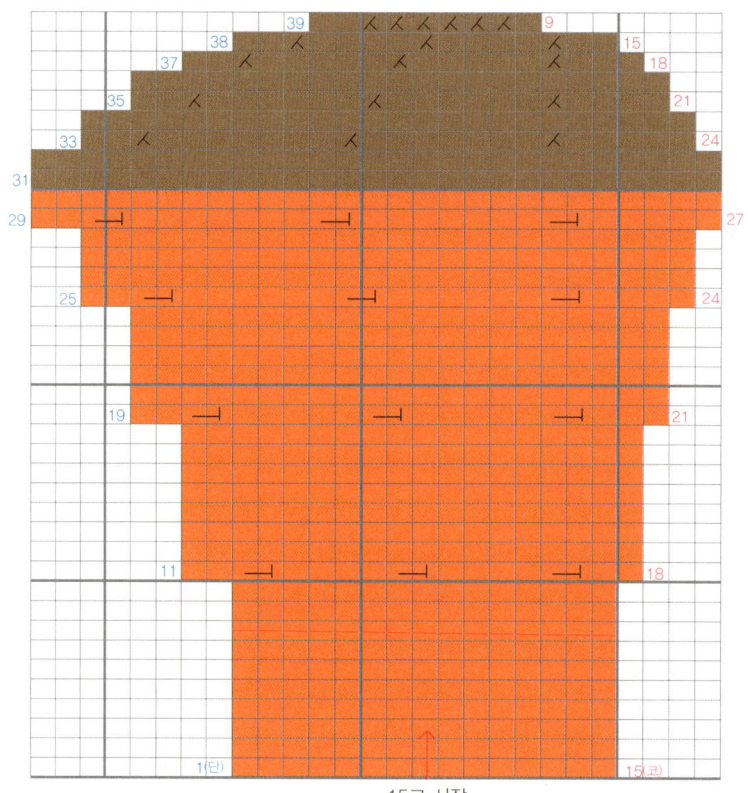

15코 시작

⊢ 늘리기

人 2코 모아뜨기(=코 줄이기)

⅄ 안뜨기로 2코 모아뜨기

코(싸개단추)

코바늘 4호와 **카레브라운** 실로 링을 만들어 원형뜨기 한다.

1단 : 짧은뜨기 6코

2단 : 늘리기×6 〈12코〉

3~4단 : 짧은뜨기 〈12코〉

싸개단추를 넣고 뜬다.

5단 : 줄이기×6 〈6코〉

끝에 실을 길게 남긴다.

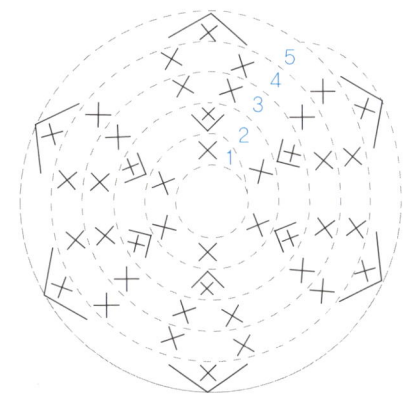

+ = × 짧은뜨기
V 짧은뜨기 늘리기
A 짧은뜨기 줄이기

조립

1. 몸통을 반으로 접어 양쪽 솔기를 메리야스 잇기 한다.
2. 화이트 부분을 몸판 쪽으로 접는다.
3. 시작단과 접힌 부분 뒤쪽으로 지퍼를 달아준다.
4. 접힌 화이트 부분의 사선을 따라 홈질해서 몸판에 고정한다.
5. 각각의 귀 앞, 뒤판을 겹쳐놓고 앞판을 뒤판에 감침질한다.
6. 싸개단추에 감싸 놓은 코를 화이트 삼각형의 중심 꼭짓점 위에 달아준다.
7. 팔과 다리에 솜을 약간 넣고 사진의 위치에 바느질한다.
8. 수염은 **카레브라운** 실로 그림과 같이 수놓는다.
9. 단추눈을 달아준다.
10. 쿠션솜을 넣고 지퍼를 닫는다.

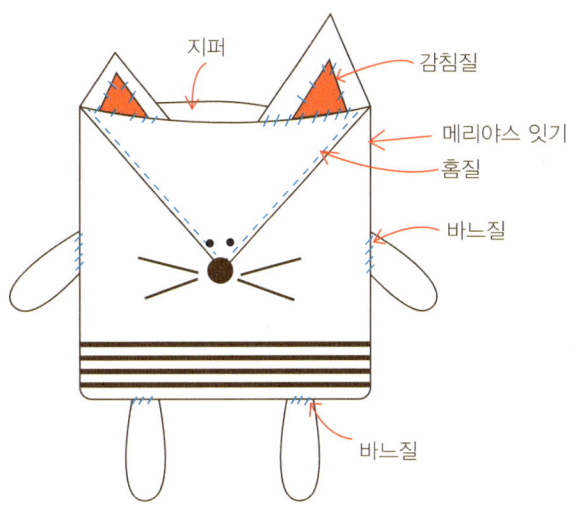

너구리 인형 쿠션

■ ■ ■ ■

완성 크기 ㅣ 40×40 cm
사 용 실 ㅣ 아이돌(45 g) 5 꿀벌노랑 5볼,
33 카레브라운 1¼볼,
401 화이트 10 g, 02 꺼멍 약간
사 용 바 늘 ㅣ 대바늘 3.5 mm,
코바늘 4호(2.5 mm)
사 용 기 법 ㅣ 겉뜨기, 안뜨기, 오른코 줄이기,
2코 모아뜨기, 안 2코 모아뜨기,
안 2코 꼬아뜨기, 짧은뜨기,
늘리기, 줄이기
게 이 지 ㅣ 22.5코×32단
부 재 료 ㅣ 싸개단추 지름 2 cm, 돗바늘,
40×40 쿠션솜, 지퍼 45 cm,
단추눈 8 mm 1쌍, 구름솜 8 g

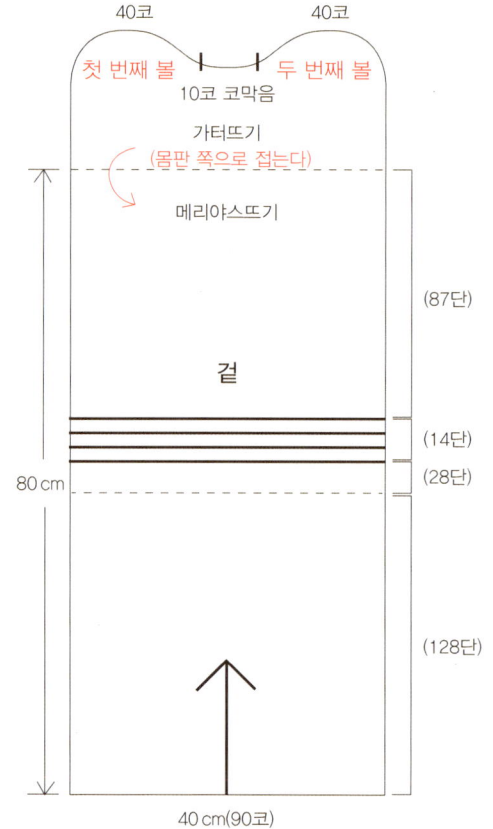

몸통

꿀벌노랑 실로 90코를 만든다.

1~156단 : 메리야스뜨기 156단

카레브라운 실로 바꾼다.

157~158단 : 메리야스뜨기 2단

꿀벌노랑 실로 바꾼다.

159~160단 : 메리야스뜨기 2단

161~168단 : [157~160단]×2(배색하기)

카레브라운 실로 바꾼다.

169~170단 : 메리야스뜨기 2단

꿀벌노랑 실로 바꾼다.

171~257단 : 메리야스뜨기 87단
(겉뜨기로 끝난다)

머리

카레브라운 실로 바꾼다.

258~310단 : 겉뜨기(가터뜨기 53단)

첫 번째 볼

311단 : 겉 40, 편물 돌리기 〈40코〉

(왼쪽 바늘의 50코는 여분의 바늘에 걸어둔다)

312단 : 겉뜨기

313단 : 3코 남을 때까지 겉, 2코 모아뜨기, 겉 1 〈39코〉

314단 : 겉뜨기

315~322단 : [313~314]×4 〈35코〉

323단 : 3코 남을 때까지 2코 모아뜨기, 겉 1 〈34코〉

324단 : 겉 1, 오른코 줄이기, 3코 남을 때까지 겉, 2코 모아뜨기, 겉 1 〈32코〉

325~331단 : 324단×7 〈18코〉

코막음한다.

두 번째 볼

왼쪽 바늘의 50코에 새로 실을 연결한다.

311단 : 코막음 10, 겉 39 〈40코〉

312단 : 겉뜨기

313단 : 겉 1, 오른코 줄이기, 끝까지 겉 〈39코〉

314단 : 겉뜨기

315~322단 : [313~314단]×4 〈35코〉

323단 : 겉 1, 오른코 줄이기, 끝까지 겉 〈34코〉

324단 : 겉1, 오른코 줄이기, 3코 남을 때까지 겉, 2코 모아뜨기, 겉 1 〈32코〉

325~331단 : 324단×7 〈18코〉

코막음한다.

※ 짝수단의 기호는 반대로 뜬다.

| | 겉뜨기
— 안뜨기
⋌ 안뜨기로 2코 꼬아뜨기 → 반대기호   ⋋ 2코 모아뜨기(=코줄이기)
⋎ 안뜨기로 2코 모아뜨기 → 반대기호   ⋏ 오른코 줄이기

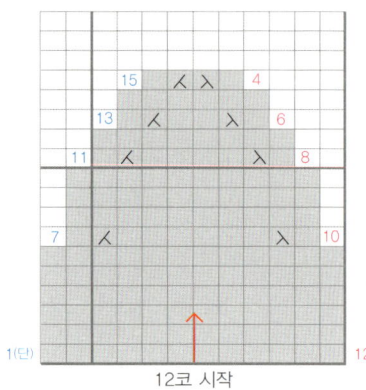
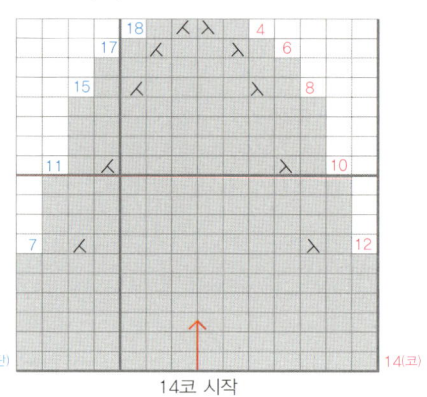

※ 짝수단의 기호는 반대로 뜬다.

| | 겉뜨기
— 안뜨기
ㅅ 안뜨기로 2코 꼬아뜨기 → 반대기호   人 2코 모아뜨기(=코줄이기)
ㅿ 안뜨기로 2코 모아뜨기 → 반대기호   入 오른코 줄이기

오른쪽 귀(앞)

화이트 실로 12코를 만든다.

1~6단 : 메리야스뜨기 6단

7단 : 겉 1, 오른코 줄이기, 겉 6, 2코 모아뜨기, 겉 1 〈10코〉

8~10단 : 메리야스뜨기

11단 : 겉 1, 오른코 줄이기, 3코 남을 때까지 겉, 2코 모아뜨기, 겉 1 〈8코〉

12단 : 안뜨기

13~14단 : [11~12단]×1 〈6코〉

15단 : 겉 1, 오른코 줄이기, 2코 모아뜨기, 겉 1 〈4코〉

코막음한다.

왼쪽 귀(앞)

화이트 실로 14코를 만든다.

1~6단 : 메리야스뜨기 6단

7단 : 겉 1, 오른코 줄이기, 3코 남을 때까지 겉, 2코 모아뜨기, 겉 1 〈12코〉

8~10단 : 메리야스뜨기

11~14단 : [7~10단]×1 〈10코〉

15단 : 겉 1, 오른코 줄이기, 겉 4, 2코 모아뜨기, 겉 1 〈8코〉

16단 : 안뜨기

17단 : 겉 1, 오른코 줄이기, 겉 2, 2코 모아뜨기, 겉 1 〈6코〉

18단 : 안 1, 안 2코 모아뜨기, 안 2코 꼬아뜨기, 안 1 〈4코〉

코막음한다.

오른쪽 귀(뒤)

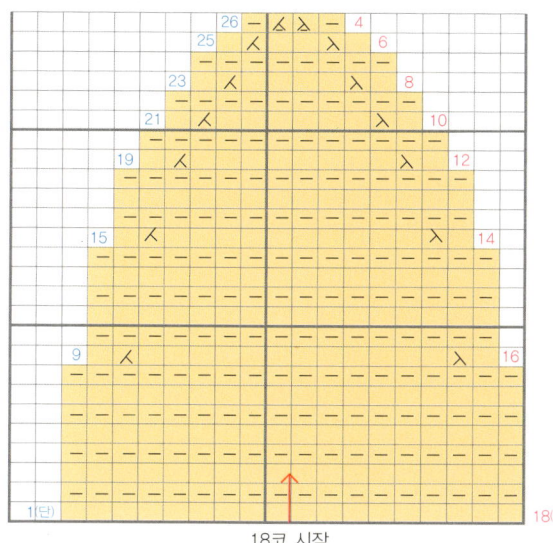

18코 시작

왼쪽 귀(뒤)

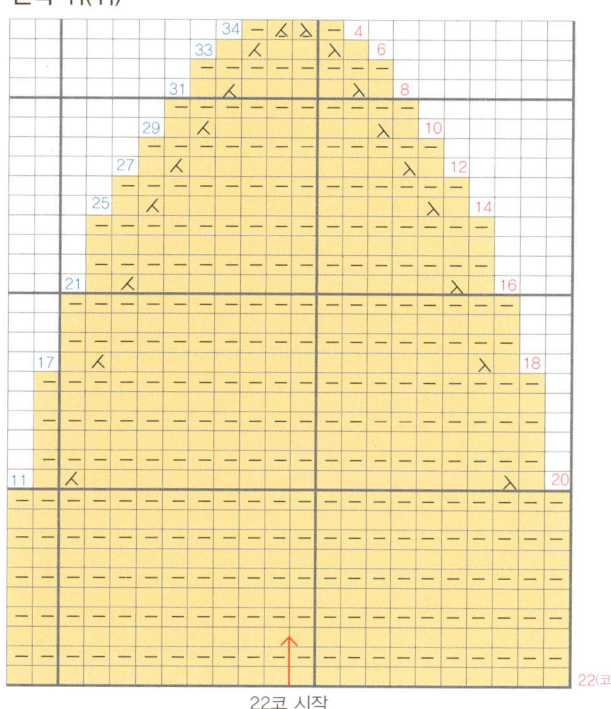

22코 시작

오른쪽 귀(뒤)

꿀벌노랑 실로 18코를 만든다(가터뜨기).

1~8단 : 겉뜨기(가터뜨기 8단)

9단 : 겉 1, 오른코 줄이기, 겉 12, 2코 모아뜨기, 겉 1 〈16코〉

10~14단 : 겉뜨기(가터뜨기 5단)

15단 : 겉 1, 오른코 줄이기, 겉 10, 2코 모아뜨기, 겉 1 〈14코〉

16~18단 : 겉뜨기(가터뜨기 3단)

19단 : 겉 1, 오른코 줄이기, 3코 남을 때까지 겉, 2코 모아뜨기, 겉 1 〈12코〉

20단 : 겉뜨기

21~24단 : [19~20단]×2 〈8코〉

25단 : 겉 1, 오른코 줄이기, 겉 2, 2코 모아뜨기, 겉 1 〈6코〉

26단 : 겉 1, 오른코 줄이기, 2코 모아뜨기, 겉 1 〈4코〉
코막음한다.

왼쪽 귀(뒤)

꿀벌노랑 실로 22코를 만든다.

1~10단 : 겉뜨기(가터뜨기 10단)

11단 : 겉 1, 오른코 줄이기, 겉 16, 2코 모아뜨기, 겉 1 〈20코〉

12~16단 : 겉뜨기(가터뜨기 5단)

17단 : 겉 1, 오른코 줄이기, 3코 남을 때까지 겉, 2코 모아뜨기, 겉 1 〈18코〉

18~20단 : 겉뜨기(가터뜨기 3단)

21~24단 : [17~20단]×1 〈16코〉

25단 : 겉 1, 오른코 줄이기, 3코 남을 때까지 겉, 2코 모아뜨기, 겉 1 〈14코〉

26단 : 겉뜨기

27~32단 : [25~26단]×3 〈8코〉

33단 : 겉 1, 오른코 줄이기, 겉 2, 2코 모아뜨기, 겉 1 〈6코〉

34단 : 겉 1, 오른코 줄이기, 2코 모아뜨기, 겉 1 〈4코〉
코막음한다.

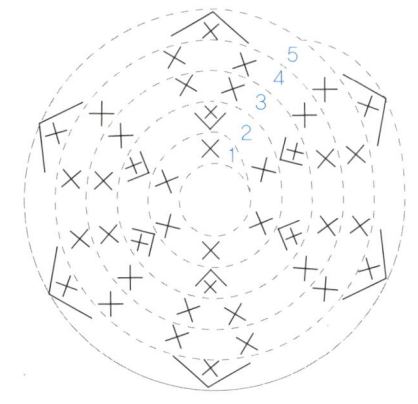

팔, 다리(각 2장)

꿀벌노랑과 **카레브라운** 실을 사용하여 여우 인형 쿠션과 동일하게 만든다.

※ 170쪽 참조

코(싸개단추)

코바늘 4호와 **꺼멍** 실을 사용하여 여우의 코와 동일하게 만든다.

조립

1. 몸통을 반으로 접어 양쪽 솔기를 메리야스 잇기한다.
2. 카레브라운 부분을 몸판 쪽으로 접는다.
3. 시작단과 접힌 부분 뒤쪽으로 지퍼를 달아준다.
4. 접힌 카레브라운 둘레의 약간 안쪽 선을 따라 홈질해서 몸통에 고정한다.
5. 귀는 앞, 뒤판을 겹쳐 놓고 앞판을 뒤판에 감침질한다.
6. 싸개단추에 감싸놓은 코를 얼굴 가운데 달아준다.
7. 팔과 다리에 솜을 약간 넣고 사진의 위치에 바느질한다.
8. 단추눈을 달아준다.
9. 쿠션솜을 넣고 지퍼를 닫는다.

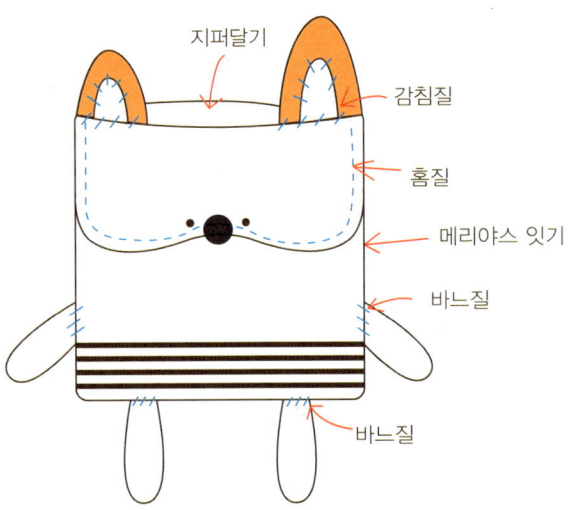

부엉이 인형 쿠션

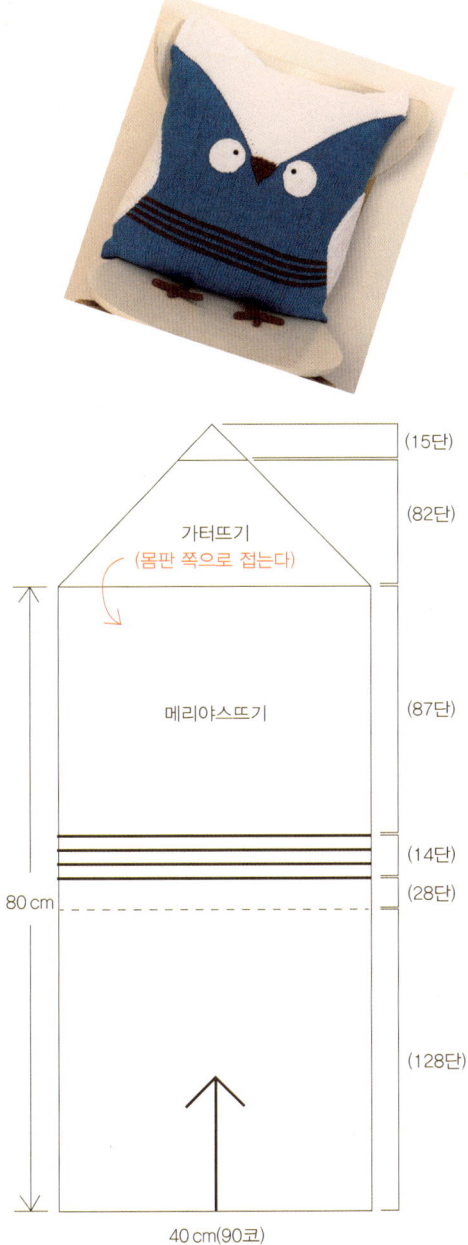

완성 크기 : 40×40 cm

사용 실 : 네코(45 g) 419 블루 4 ⅓볼,
아이돌(45 g) 33 카레브라운
¼볼, 401 화이트 2볼

사용 바늘 : 대바늘 3.5 mm

사용 기법 : 겉뜨기, 안뜨기, 오른코 줄이기,
걸러뜨기, 2코 모아뜨기,
3코 모아뜨기, 안 2코 모아뜨기,
안 2코 꼬아뜨기, 아이코드뜨기

게 이 지 : 22.5코×32단

부 재 료 : 40×40 쿠션솜, 지퍼 45 cm,
단추눈 8 mm 1쌍

몸통

블루 실로 90코를 만든다.

1~156단 : 메리야스뜨기 156단

카레브라운 실로 바꾼다.

157~158단 : 메리야스뜨기 2단

블루 실로 바꾼다.

159~160단 : 메리야스뜨기 2단

161~168단 : [157~160단]×2 (배색하기)

카레브라운 실로 바꾼다.

169~170단 : 메리야스뜨기 2단

블루 실로 바꾼다.

171~257단 : 메리야스뜨기 87단

(겉뜨기로 끝난다)

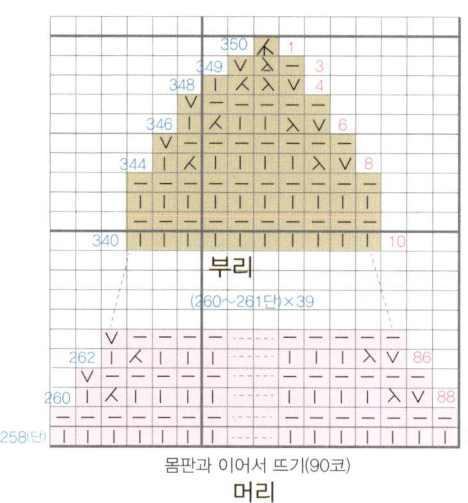

머리

화이트 실로 바꾼다.

258~259단 : 겉뜨기(가터뜨기 2단)

260단 : 걸러뜨기 1, 오른코 줄이기, 3코 남을 때까지 겉, 2코 모아뜨기,
겉 1 〈88코〉

261단 : 걸러뜨기 1, 끝까지 겉

262~339단 : [260~261단] × 39 〈10코〉

부리

카레브라운 실로 바꾼다.

340~343단 : 겉뜨기(가터뜨기 4단)

344단 : 걸러뜨기 1, 오른코 줄이기, 3코 남을 때까지 겉, 2코 모아뜨기,
겉 1 〈8코〉

345단 : 걸러뜨기 1, 끝까지 겉

346~347단 : [344~345단] × 1 〈6코〉

348단 : 걸러뜨기 1, 오른코 줄이기, 2코 모아뜨기, 겉 1 〈4코〉

349단 : 걸러뜨기 1, 2코 모아뜨기, 겉 1 〈3코〉

350단 : 3코 모아뜨기

실을 자르고 남은 1코에 넣어 잡아당긴다.

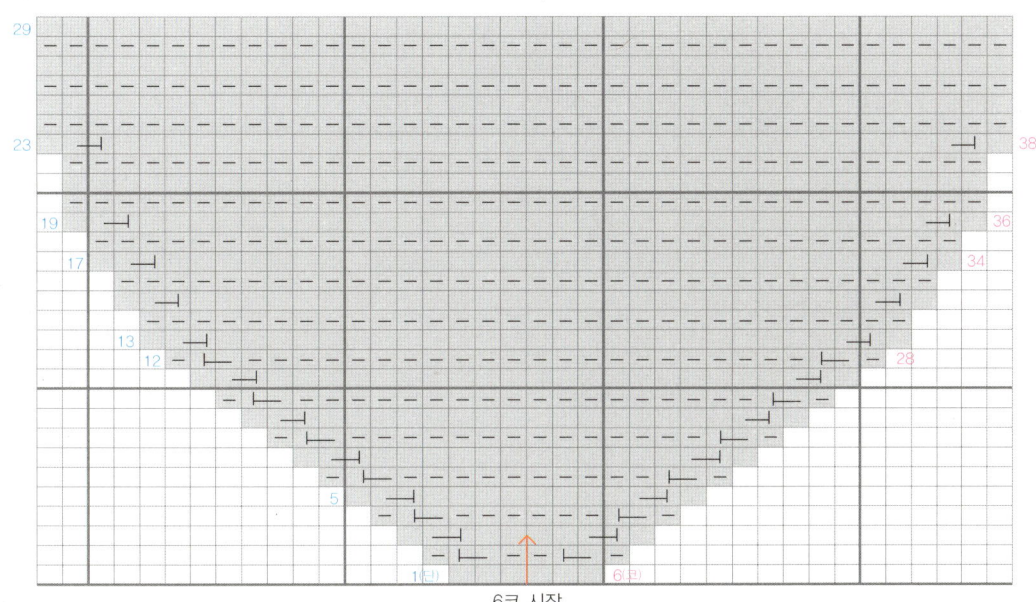

6코 시작

※ 짝수단의 기호는 반대로 뜬다.

| | 겉뜨기
― 안뜨기
├ 겉뜨기 늘리기
├─ 안뜨기 늘리기

날개(2장)

화이트 실로 6코를 만든다.

1단 : 겉뜨기

2단 : 겉 1, 늘리기, 2코 남을 때까지 겉, 늘리기, 겉 1 〈8코〉

3~12단 : 2단×10 〈28코〉

13단 : 겉 1, 늘리기, 2코 남을 때까지 겉, 늘리기, 겉 1 〈30코〉

14단 : 겉뜨기

15~18단 : [13~14단]×2 〈34코〉

19단 : 겉 1, 늘리기, 2코 남을 때까지 겉, 늘리기, 겉 1 〈36코〉

20~22단 : 겉뜨기 3단

23단 : 겉 1, 늘리기, 2코 남을 때까지 겉, 늘리기, 겉 1 〈38코〉

24~29단 : 겉뜨기 6단

코막음한다.

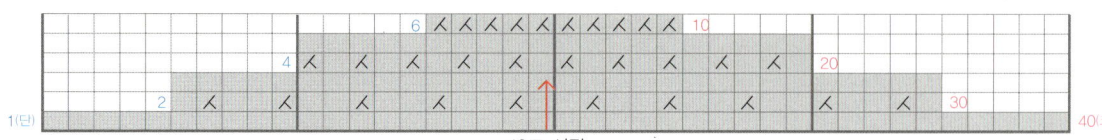

⋋ 2코 모아뜨기(=코줄이기)

눈(2장)

화이트 실로 40코를 만든다.

1단 : 안뜨기

2단 : 겉 1, [2코 모아뜨기, 겉 2]×9, 2코 모아뜨기, 겉 1 〈30코〉

3단 : 안뜨기

4단 : [겉 1, 2코 모아뜨기]×10 〈20코〉

5단 : 안뜨기

6단 : 2코 모아뜨기×10 〈10코〉

돗바늘로 마무리한다.

오른쪽 귀(앞)

화이트 실로 20코를 만든다.

1단 : 안뜨기

2단 : 겉 1, 오른코 줄이기, 끝까지 겉 〈19코〉

3단 : 3코 남을 때까지 안, 안 2 꼬아뜨기, 안 1 〈18코〉

4~17단 : [2~3단]×7 〈4코〉

18단 : 겉 1, 오른코 줄이기, 겉 1

19단 : 안 2 꼬아뜨기, 안 1

20단 : 오른코 줄이기

실을 자르고 남은 1코에 넣어 잡아당긴다.

왼쪽 귀(앞)

화이트 실로 15코를 만든다.

1단 : 안뜨기

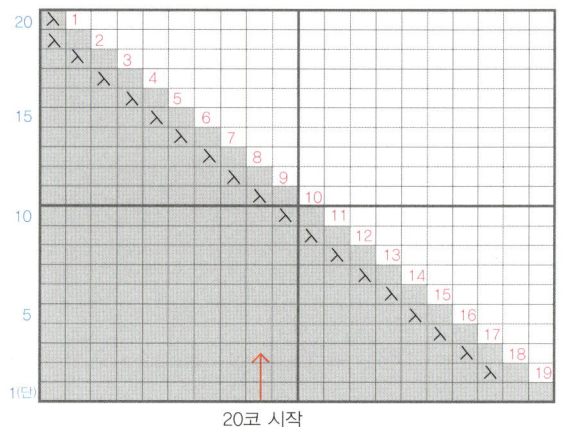

入 오른코 줄이기

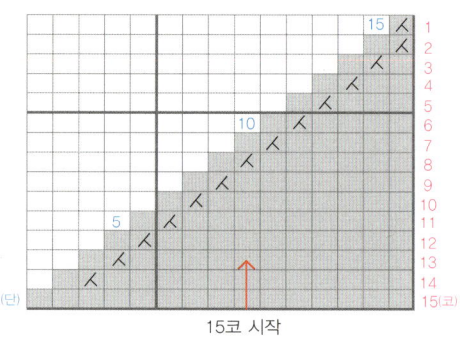

2단 : 3코 남을 때까지 겉, 2코 모아뜨기, 겉 1 〈14코〉

3단 : 안 1, 안 2 모아뜨기, 끝까지 안 〈13코〉

4~13단 : [2~3단]×5 〈3코〉

14단 : 2코 모아뜨기, 겉 1

15단 : 안 2 모아뜨기

실을 자르고 남은 1코에 넣어 잡아당긴다.

오른쪽 귀(뒤)

화이트 실로 34코를 만든다.

1~2단 : 겉뜨기(가터뜨기 2단)

3단 : 겉 1, 오른코 줄이기, 끝까지 겉 〈33코〉

4단 : 3코 남을 때까지 겉, 2코 모아뜨기, 겉 1 〈32코〉

5~32단 : [3~4단]×14 〈4코〉

33단 : 겉 1, 오른코 줄이기, 겉 1 〈3코〉

34단 : 2코 모아뜨기, 겉 1 〈2코〉

35단 : 오른코 줄이기 〈1코〉

실을 자르고 남은 1코에 넣어 잡아당긴다.

오른쪽 귀(뒤)

34코 시작

※ 짝수단의 기호는 반대로 뜬다.

| 겉뜨기
― 안뜨기
⋋ 오른코 줄이기
⋋ 안뜨기로 2코 꼬아뜨기 → 반대기호　人 2코 모아뜨기(=코줄이기)

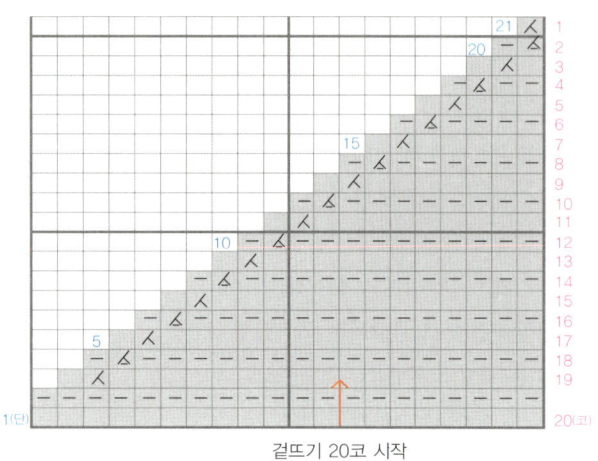

왼쪽 귀(뒤)

화이트 실로 20코를 만든다.

1~2단 : 겉뜨기(가터뜨기 2단)

3단 : 3코 남을 때까지 겉, 2코 모아뜨기, 겉 1 〈19코〉

4단 : 겉 1, 오른코 줄이기, 끝까지 겉 〈18코〉

5~18단 : [3~4단]×7 〈4코〉

19단 : 겉 1, 2코 모아뜨기, 겉 1 〈3코〉

20단 : 겉 1, 오른코 줄이기 〈2코〉

21단 : 2코 모아뜨기 〈1코〉

실을 자르고 남은 1코에 넣어 잡아당긴다.

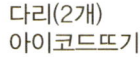

다리

긴 발가락(2장)

카레브라운 실로 7코를 만든다.

아이코드뜨기를 10 cm(34단) 뜬다.

작은 발가락(4장)

카레브라운 실로 7코를 만든다.

아이코드뜨기를 4 cm(12단) 뜬다.

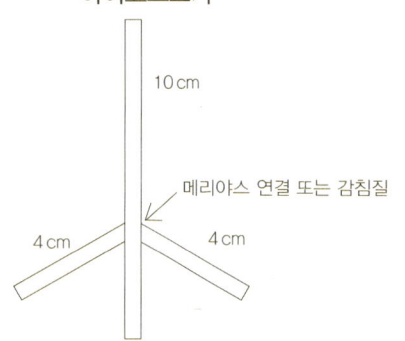

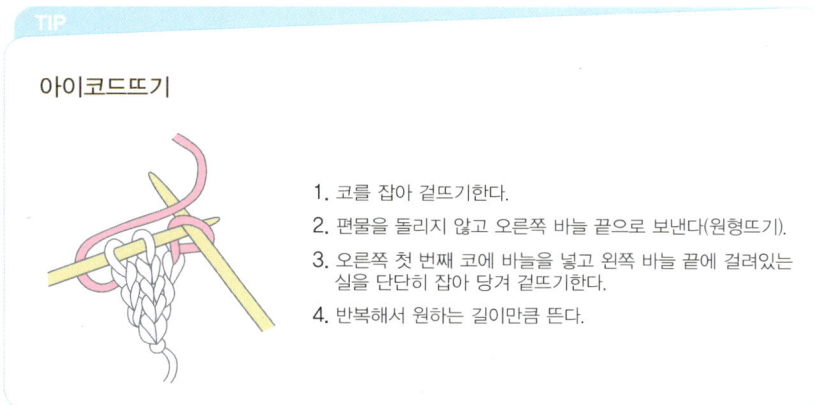

아이코드뜨기

1. 코를 잡아 겉뜨기한다.
2. 편물을 돌리지 않고 오른쪽 바늘 끝으로 보낸다(원형뜨기).
3. 오른쪽 첫 번째 코에 바늘을 넣고 왼쪽 바늘 끝에 걸려있는 실을 단단히 잡아 당겨 겉뜨기한다.
4. 반복해서 원하는 길이만큼 뜬다.

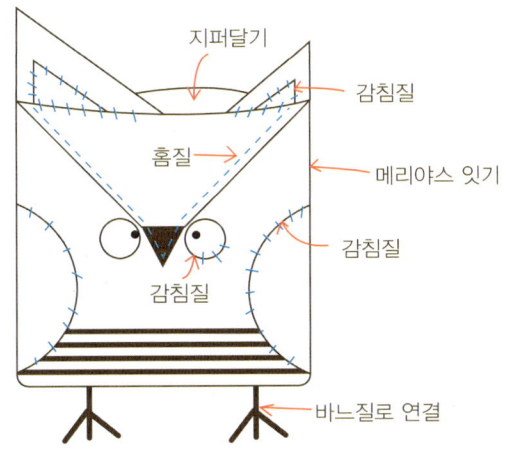

조립

1. 몸통을 반으로 접어 양쪽 솔기를 메리야스 잇기한다.

2. 화이트 얼굴 부분을 몸판 쪽으로 접는다.

3. 시작단과 접힌 부분 뒤쪽으로 지퍼를 달아준다.

4. 화이트 얼굴 부분의 사선을 따라 홈질해서 몸판에 고정한다.

5. 귀는 앞, 뒤판을 겹쳐놓고 앞판을 뒤판에 감침질한다.

6. 눈 옆을 바느질한다. 눈 위에 단추눈을 먼저 달고 부리 양 옆의 위치에 감침질한다.

7. 날개는 몸통 좌우에 옆선 끝을 맞춰 사방을 감침질하여 고정한다.

8. 작은 발가락을 반 접는다. 긴 다리의 아래쪽에 작은 발가락의 길이 만큼 떨어진 위치에 접은 부분을 고정하여 새의 발가락을 만든다.

9. 발은 몸통 아래에 고정한다.

아 이들은 어지럽히는 건 좋아하지만
놀고 난 뒤 치우는 건 좋아하지 않아요.
치우는 것도 놀이로 만들면 좋아할 거예요.
그림그리기 놀이한 뒤 흩어져 있는 색연필
연필, 펜, 가위 등을 익살스러운 표정의
귀여운 바구니에 정리하게 해보세요. 아이가
알아서 바구니 색깔별로 또는 바구니 표정별로
정리하게 두면 재미있어 할 거예요.

3색 바구니

■ ■ ■ ■

완성 크기 ┃ 14×14 cm
사용 실 ┃ 네코(45 g) 419 블루,
403 옐로우, 423 옐로우그린
각 1 ⅓볼씩, 401 화이트 ¼볼
사용 바늘 ┃ 코바늘 5호(3.0 mm)
사용 기법 ┃ 원형뜨기, 짧은뜨기, 사슬뜨기,
빼뜨기, 늘리기, 한길긴뜨기,
두길긴뜨기
게 이 지 ┃ 22코×24단
부 재 료 ┃ 단추눈 8 mm 3쌍

바구니 베이스

블루(또는 **옐로우, 옐로우그린**) 실로 링을 만들어 원형뜨기 한다.

기둥코를 세우지 않고 뜬다.

1단 : 짧은뜨기 6코

2단 : 늘리기×6 〈12코〉

3단 : [짧 1, 늘리기]×6 〈18코〉

4단 : [짧 2, 늘리기]×6 〈24코〉

5단 : [짧 3, 늘리기]×6 〈30코〉

6단 : [짧 4, 늘리기]×6 〈36코〉

7단 : [짧 5, 늘리기]×6 〈42코〉

8단 : [짧 6, 늘리기]×6 〈48코〉

9단 : [짧 7, 늘리기]×6 〈54코〉

10단 : [짧 8, 늘리기]×6 〈60코〉

11~16단 : 짧은뜨기 6단

17단 : [짧 9, 늘리기]×6 〈66코〉

18~23단 : 짧은뜨기 6단

24단 : [짧 10, 늘리기]×6 〈72코〉

25~30단 : 짧은뜨기 6단

31단 : [짧 11, 늘리기]×6 〈78코〉

32~36단 : 짧은뜨기 5단

37단 : 사슬 2코, (고리 걸릴 구멍) 2코 건너뛰고
짧 76 〈78코〉

38~47단 : 짧은뜨기 10단

다음 코에 빼뜨기

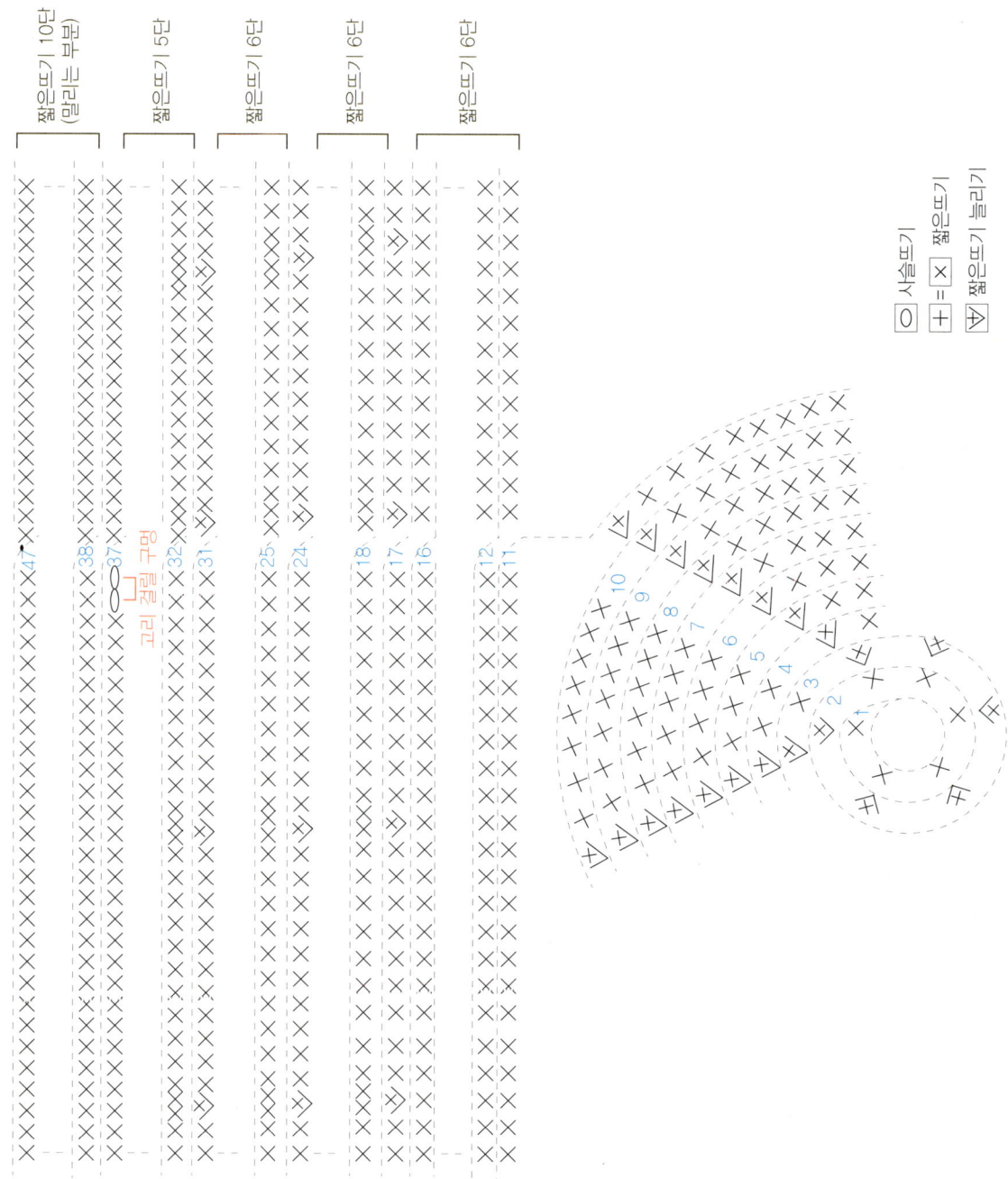

파랑 귀(2장)

화이트 실로 사슬 8코를 만들고 평면뜨기 한다.

1단 : 2번째 사슬부터 짧 7

※ 2단부터 짧은뜨기는 2번째 코부터 뜬다.

2단 : 사슬 1, 짧 6
3단 : 사슬 1, 짧 5
4단 : 사슬 1, 짧 4
5단 : 사슬 1, 짧 3
6단 : 사슬 1, 짧 2
7단 : 사슬 1, 짧 1

연두 귀(2장)

화이트 실로 사슬 10코를 만든다.

4번째 앞의 사슬부터 한길긴 2, 2코 늘리기×2, 한길긴 3

노랑 귀(2장)

화이트 실로 링을 만들어 원형뜨기 한다.

사슬 5, 첫 번째 사슬에 두길긴 9

조립

1. 마지막 10단은 밖으로 말아준다.
2. 사진의 위치에 단추눈을 달아준다.

파랑 귀

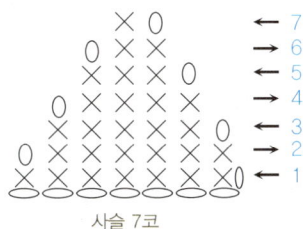

사슬 7코

연두 귀

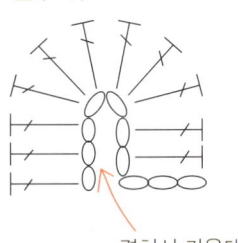

겹쳐서 가운데 감침질

노랑 귀

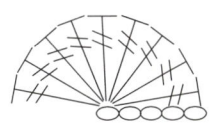

두길긴뜨기

3. 눈 위 양쪽 옆에 귀를 위치하고, 아랫부분을 감침질로 고정한다.

4. 입과 이빨 모양을 수놓는다.

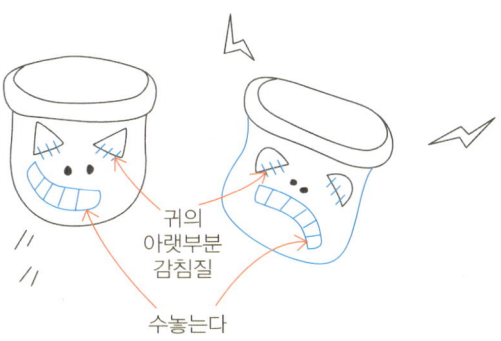

너구리 모자

완성 크기	둘레 53 cm, 높이 9 cm
사 용 실	아이돌(45 g) 5 꿀벌노랑 2볼, 33 카레브라운 ⅓볼, 02 꺼멍 조금
사용 바늘	코바늘 5호(3.0 mm)
사용 기법	짧은뜨기, 이랑뜨기, 긴뜨기, 한길긴뜨기, 빼뜨기, 늘리기, 줄이기
게 이 지	22코×24단
부 재 료	단추눈 8 mm 1쌍

너구리 모자

꿀벌노랑 실로 링을 만들어 원형뜨기 한다. 기둥코를 세우지 않는다.

1단 : 짧은뜨기 6코

2단 : 늘리기×6 〈12코〉

3단 : [짧 1, 늘리기]×6 〈18코〉

4단 : [짧 2, 늘리기]×6 〈24코〉

5단 : [짧 3, 늘리기]×6 〈30코〉

6단 : [짧 4, 늘리기]×6 〈36코〉

7단 : [짧 5, 늘리기]×6 〈42코〉

8단 : [짧 6, 늘리기]×6 〈48코〉

9단 : [짧 7, 늘리기]×6 〈54코〉

10단 : [짧 8, 늘리기]×6 〈60코〉

11단 : [짧 9, 늘리기]×6 〈66코〉

12단 : [짧 10, 늘리기]×6 〈72코〉

13단 : [짧 11, 늘리기]×6 〈78코〉

14단 : [짧 12, 늘리기]×6 〈84코〉

15단 : [짧 13, 늘리기]×6 〈90코〉

16단 : [짧 14, 늘리기]×6 〈96코〉

17단 : [짧 15, 늘리기]×6 〈102코〉

18~35단 : 짧은뜨기 18단

36단 : (앞고리에)이랑뜨기

37단 : [짧 16, 늘리기]×6 〈108코〉

38~55단 : 짧은뜨기 18단

다음 코에 빼뜨기 한다.

36단을 기준으로 모자의 아랫부분을 밖으로 돌돌 말아준다.

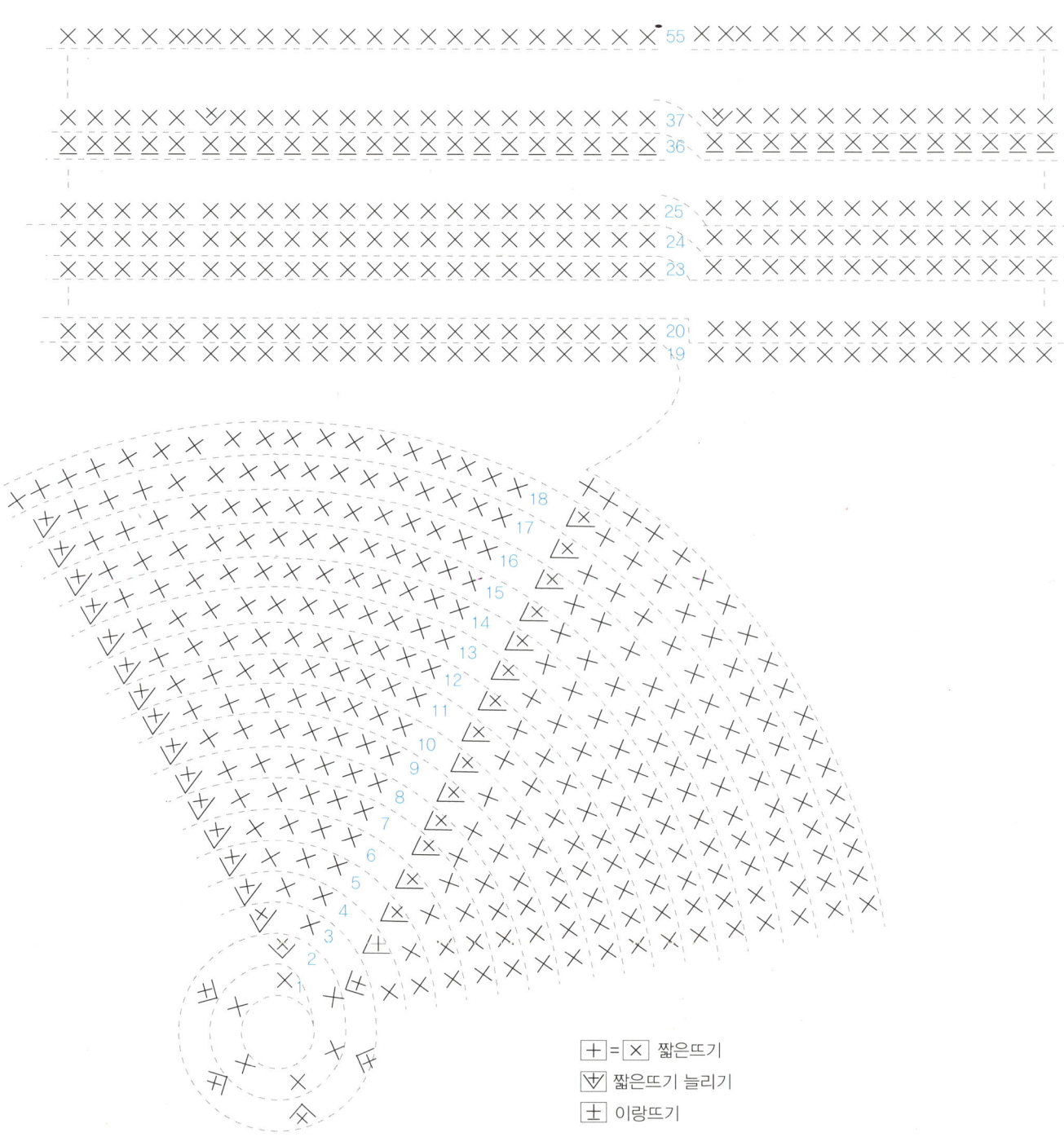

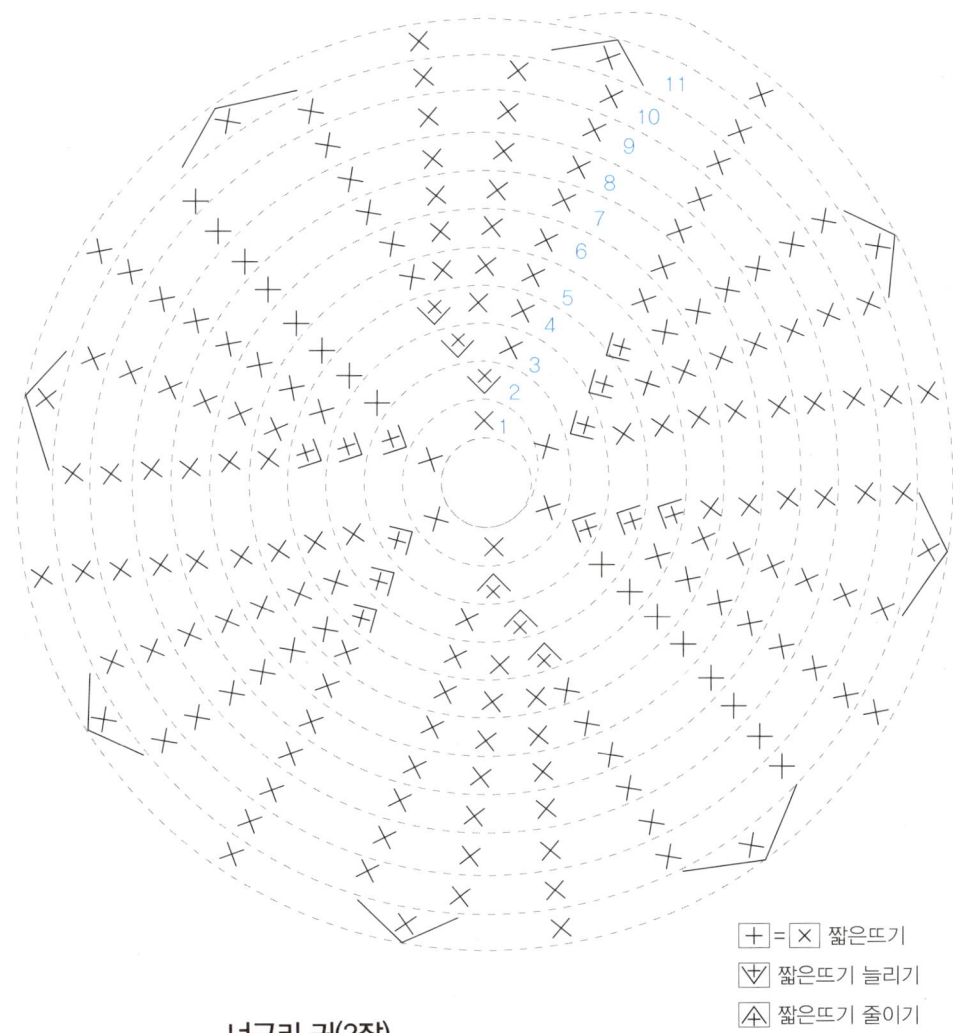

+ = ☒ 짧은뜨기
▽ 짧은뜨기 늘리기
⋀ 짧은뜨기 줄이기

너구리 귀(2장)

꿀벌노랑 실로 링을 만들어 원형뜨기 한다.

1단 : 짧은뜨기 6코
2단 : 늘리기×6 〈12코〉
3단 : [짧 1, 늘리기]×6 〈18코〉
4단 : [짧 2, 늘리기]×6 〈24코〉
5~10단 : 짧은뜨기 6단
11단 : [줄이기, 짧 1]×8 〈16코〉

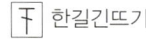
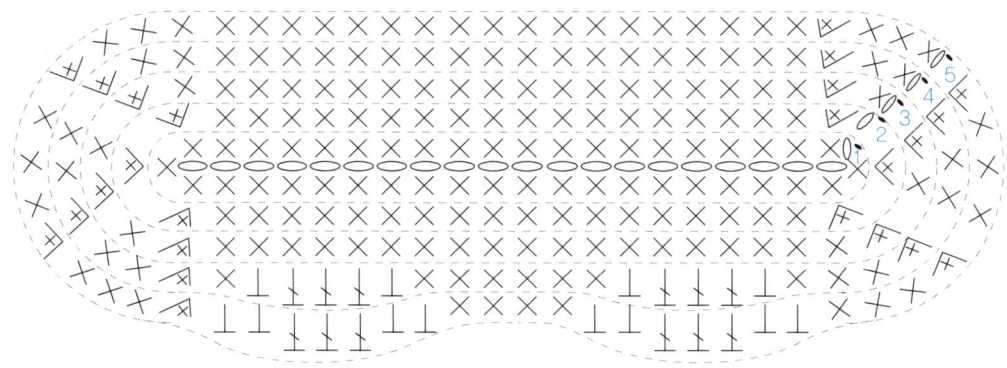

너구리 눈

카레브라운 실로 사슬뜨기 21코를 뜬다.

단의 시작은 사슬뜨기로, 단의 마지막은 빼뜨기로 연결한다.

1단 : (두 번째 사슬부터 시작) 짧 19, 마지막 사슬에 짧 3, 사슬뜨기의 반대편에서 짧 18, 마지막 사슬에 짧 2 〈42코〉

2단 : 늘리기, 짧 18, 늘리기 3, 짧 18, 늘리기 2 〈48코〉

3단 : 짧 1, 늘리기, 짧 18, [짧 1, 늘리기]×3, 짧 18, [짧 1, 늘리기]×2 〈54코〉

4단 : 짧 2, 늘리기, 짧 18, [짧 2, 늘리기]×3, 짧 1, 긴 1, 한길긴 3, 긴 1, 짧 6, 긴 1, 한길긴 3, 긴 1, 짧 1, [짧 2, 늘리기]×2 〈60코〉

5단 : 짧 3, 늘리기, 짧 18, [짧 3, 늘리기]×3, 긴 2, 한길긴 3, 긴 2, 짧 4, 긴 2, 한길긴 3, 긴 2, [짧 3, 늘리기]×2 〈66코〉

너구리 코

블랙 실로 실고리를 만들어 원형코를 만든다.

1단 : 짧은뜨기 5코

2단 : 늘리기×5 〈10코〉

3단 : 짧은뜨기

4단 : 줄이기×5 〈5코〉

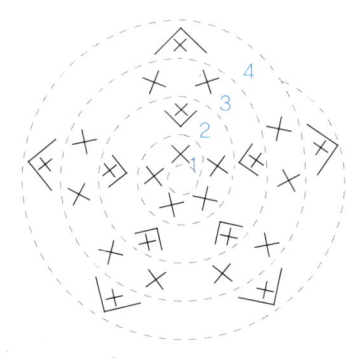

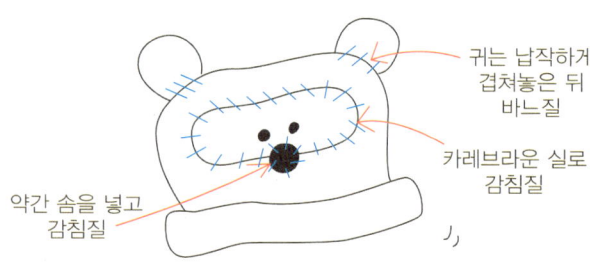

조립

1. 너구리의 눈 부분을 모자의 앞쪽에 감침질한다.

2. 눈 부분 아래 가운데에 약간의 솜을 넣은 코를 감침질하여 붙이고, 그 위에 단추눈을 달아준다.

3. 귀는 납작하게 접어 모자의 위쪽 양 옆에 감침질한다.

부엉이 모자

- - -

완성 크기	둘레 53 cm, 높이 9 cm
사용 실	네코(45 g) 419 블루 2볼, 405 오렌지 조금 아이돌(45 g) 401 화이트 ¼볼
사용 바늘	코바늘 5호(3.0 mm)
사용 기법	짧은뜨기, 이랑뜨기, 긴뜨기, 한길긴뜨기, 빼뜨기
게 이 지	22코×24단
부 재 료	단추눈 8 mm 1쌍

부엉이 모자

블루 실로 너구리 모자 도안대로 뜬다.

부엉이 귀(2장)

블루 실로 사슬뜨기 20코를 뜬다.

단의 시작은 사슬뜨기로, 단의 마지막은 빼뜨기로 연결한다.

1단 : 짧은뜨기 20코
2단 : 줄이기, 짧 6, 줄이기 2, 짧 6, 줄이기 〈16코〉
3단 : 줄이기, 짧 4, 줄이기 2, 짧 4, 줄이기 〈12코〉
4단 : 줄이기, 짧 2, 줄이기 2, 짧 2, 줄이기 〈8코〉
5단 : 줄이기 4 〈4코〉

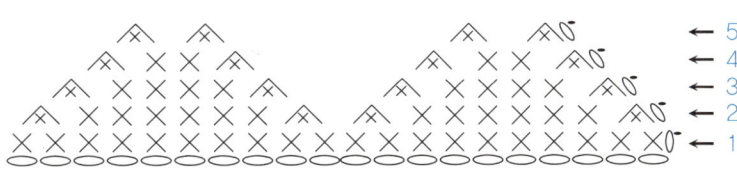

사슬 20코 원형뜨기

○	사슬뜨기
+=×	짧은뜨기
⋀	짧은뜨기 줄이기
●	빼뜨기

부엉이 눈(2장)

화이트 실로 링을 만들어 원형코를 만든다.
1단 : 짧은뜨기 6코
2단 : 늘리기×6 〈12코〉
3단 : [짧 1, 늘리기]×6 〈18코〉
4단 : [짧 2, 늘리기]×6 〈24코〉
5단 : [짧 3, 늘리기]×6 〈30코〉
6단 : [짧 4, 늘리기]×6 〈36코〉
다음 코에 빼뜨기하여 마무리한다.

부엉이 코

오렌지 실로 사슬뜨기 7코를 뜬다(평면뜨기).
1단 : 2번째 사슬부터 짧 6
※ 2단부터 짧은뜨기는 2번째 코부터 뜬다.
2단 : 사슬 1, 짧 5
3단 : 사슬 1, 짧 4
4단 : 사슬 1, 짧 3
5단 : 사슬 1, 짧 2
6단 : 사슬 1, 짧 1

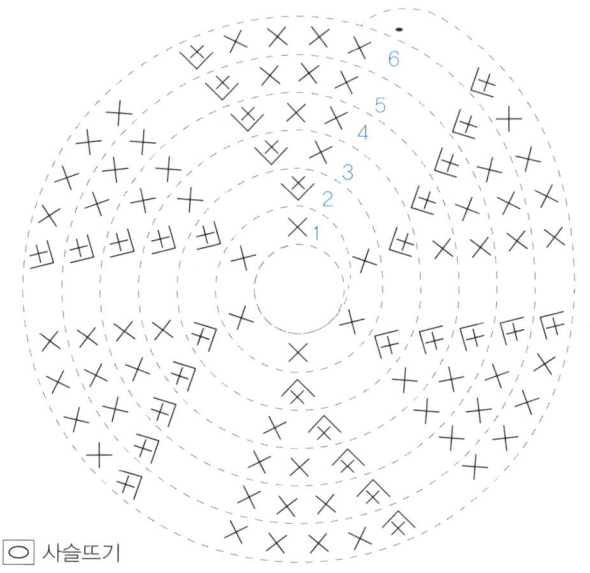

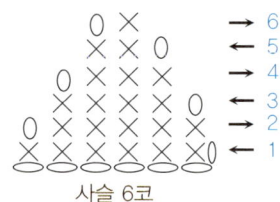

조립

1. 눈 위에 단추눈을 달아준다.
2. 모자 앞부분에 눈과 눈 사이가 1 cm 벌어지게 눈을 위치한 후 감침질한다.
3. 눈 사이 아래쪽에 부리를 감침질하여 붙인다.
4. 귀는 납작하게 겹쳐서 모자 위 양 옆에 감침질한다.
5. 블루와 화이트 실로 귀 끝에 술을 달아준다.

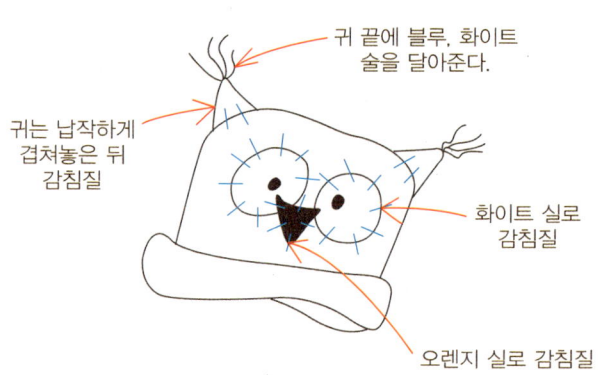

여우 모자

완성 크기	둘레 53 cm, 높이 9 cm
사용 실	네코(45 g) 405 오렌지 2볼 아이돌(45 g) 401 화이트 ⅓볼
사용 바늘	코바늘 5호(3.0 mm)
사용 기법	원형코, 짧은뜨기, 이랑뜨기, 긴뜨기, 한길긴뜨기, 빼뜨기
게 이 지	22코×24단
부 재 료	단추눈 8 mm 1쌍

여우 모자

오렌지 실로 너구리 모자 도안의 1~23단까지는 동일하게 뜬다.

화이트 실로 바꾼다.

24단 : 짧 43, (뒷고리에)이랑뜨기 15, 짧 44 〈102코〉

25~33단 : 짧은뜨기 9단 〈102코〉

오렌지 실로 바꾼다.

너구리 모자 도안의 34단부터 끝까지는 동일하게 뜬다.

여우 귀(화이트 2장, 오렌지 2장)

화이트 실로 사슬뜨기 10코를 뜬다.

1단 : 2번째 사슬부터 짧 10

※ 2단부터 짧은뜨기는 2번째 코부터 뜬다.

2단 : 사슬 1, 짧 9 〈9코〉

3단 : 사슬 1, 짧 8 〈8코〉

4단 : 사슬 1, 짧 7 〈7코〉

5단 : 사슬 1, 짧 6 〈6코〉

6단 : 사슬 1, 짧 5 〈5코〉

7단 : 사슬 1, 짧 4 〈4코〉

8단 : 사슬 1, 짧 3 〈3코〉

9단 : 사슬 1, 짧 2 〈2코〉

10단 : 사슬 1, 짧 1 〈1코〉

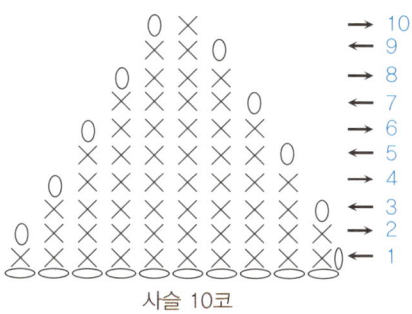

사슬 10코

○ 사슬뜨기
+ = × 짧은뜨기

귀 테두리

오렌지 1장과 화이트 1장을 겹쳐놓은 뒤 **오렌지** 실로 오른쪽 옆 9코, 위 4코, 왼쪽 옆 9코를 함께 짧은뜨기하여 연결한다.

여우 얼굴

오렌지 실을 연결하여 너구리 모자 도안의 24번째 단 이랑뜨기한 앞고리 부분에 짧은뜨기 한다. ⟨15코⟩

1단 : 사슬 1, 짧 15 ⟨15코⟩

※ 2단부터 짧은뜨기는 2번째 코부터 뜬다.

2단 : 사슬 1, 짧 14 ⟨14코⟩
3단 : 사슬 1, 짧 13 ⟨13코⟩
4단 : 사슬 1, 짧 12 ⟨12코⟩
5단 : 사슬 1, 짧 11 ⟨11코⟩
6단 : 사슬 1, 짧 10 ⟨10코⟩
7단 : 사슬 1, 짧 9 ⟨9코⟩
8단 : 사슬 1, 짧 8 ⟨8코⟩
9단 : 사슬 1, 짧 7 ⟨7코⟩
10단 : 사슬 1, 짧 6 ⟨6코⟩
11단 : 사슬 1, 짧 5 ⟨5코⟩
12단 : 사슬 1, 짧 4 ⟨4코⟩
13단 : 사슬 1, 짧 3 ⟨3코⟩

마무리한다.

여우 코

너구리의 코와 동일하다(**카레브라운** 실).

조립

1. 여우 얼굴 부분 옆선을 화이트로 배색한 부분에 겹쳐놓고 감침질한다.
2. 얼굴 부분 끝에 코를 달아준다.
3. 코 위에 단추 눈을 달고, 수염을 수놓는다.
4. 모자 위 양 옆에 귀를 감침질하여 붙인다.

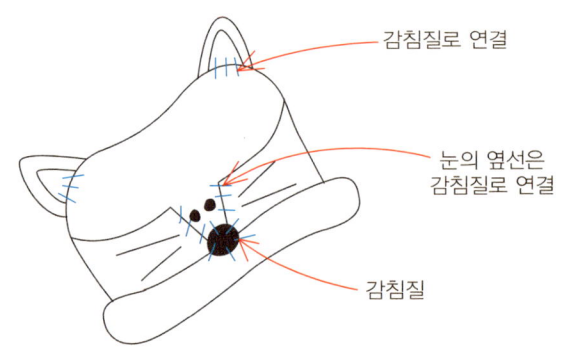

가랜드

완성 크기 ┃ 12×12 cm
사용 실 ┃ 네코(45 g) 412 레드,
405 오렌지, 403 옐로우,
423 옐로우그린, 419 블루,
420 로열블루, 415 라이트퍼플
각각 7 g씩, 401 화이트 조금
사용 바늘 ┃ 대바늘 3.5 mm,
코바늘 4호(2.5 mm)
사용 기법 ┃ 겉뜨기, 걸러뜨기,
오른코 줄이기, 늘리기

삼각형

대바늘과 실로 2코를 만든다.

1단 : 겉뜨기

2단 : 늘리기, 겉 1 〈3코〉

3단 : 걸러뜨기 1, 1코 남을 때까지 겉, 늘리기 〈4코〉

4단 : 늘리기, 끝까지 겉 〈5코〉

5~28단 : [3~4단]×12 〈29코〉

29단 : 걸러뜨기 1, 1코 남을 때까지 겉, 늘리기 〈30코〉

30단 : 오른코 줄이기, 끝까지 겉 〈29코〉

31단 : 걸러뜨기 1, 2코 남을 때까지 겉, 2코 모아뜨기 〈28코〉

32~55단 : [30~31단]×12 〈4코〉

56단 : 오른코 줄이기, 겉 2 〈3코〉

57단 : 3코 모아뜨기

실을 자르고 남은 1코에 넣어 잡아당긴다.

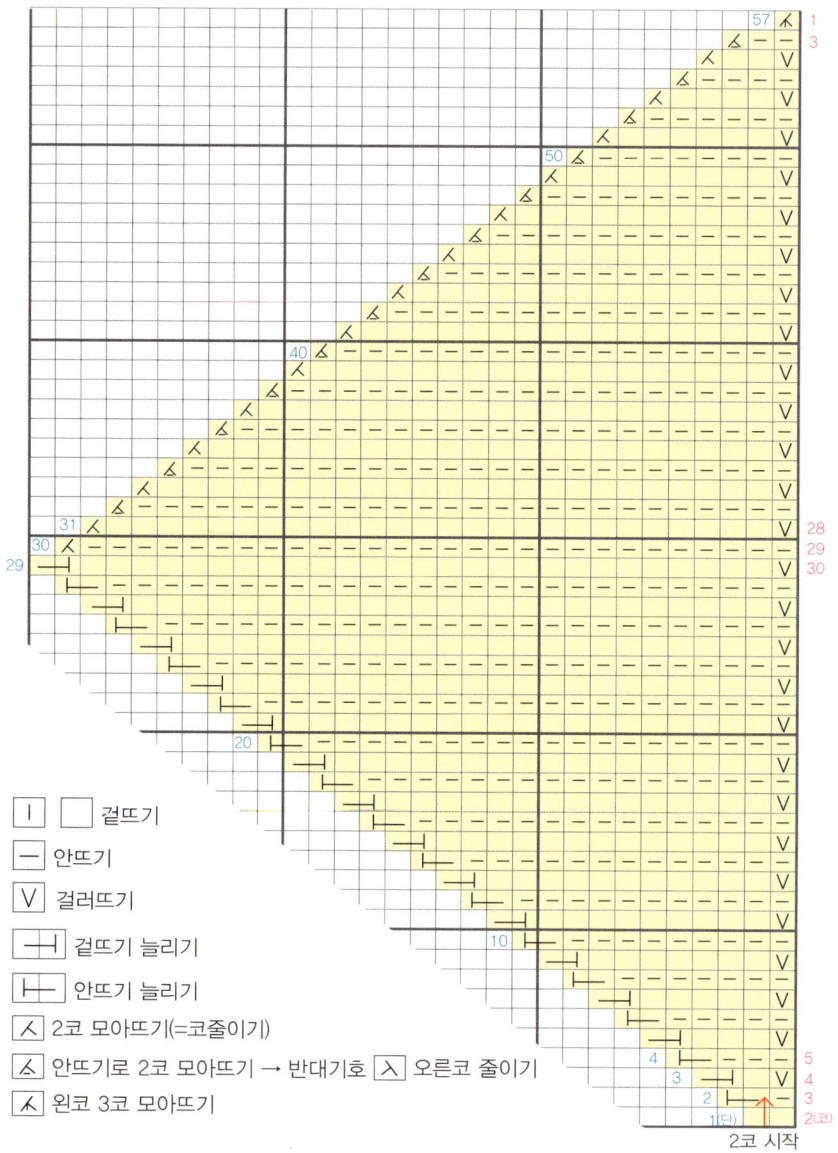

조립

1. **무지**개색으로 삼각형 7장을 뜬다.

2. 코바늘 4호와 **아이보리** 실로 사슬 10코를 만들어 첫 번째 코에 **빼뜨기**하여 고리를 만든 뒤, 사슬 20코를 뜬다.

3. 계속해서 보라색 삼각형에다 **빼뜨기**로 연결하고, 사슬 6코를 뜬다.

4. 나머지 삼각형도 도안과 같이 연결한다.

5. 3~4를 반복해서 무지개색 삼각형을 연결한다.

6. 마지막 **빨간색** 삼각형 위에 **빼뜨기**한 후에는 사슬 30코를 뜬 후, 10번째 코에 **빼뜨기**하여 고리를 만들어준다.

인디언텐트

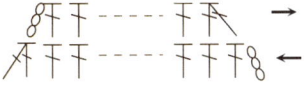

완성 크기	가로 105×높이 135 cm
사용 실	엑센트(70 g) 아이보리 28볼, 네코(45 g) 412 레드, 405 오렌지, 403 옐로우, 423 옐로우그린, 419 블루, 420 로열블루, 415 라이트퍼플 각 1볼
사용 바늘	코바늘 5호(3.0mm)
사용 기법	한길긴뜨기, 한길긴뜨기 교차뜨기, 한길긴뜨기 2코, 짧은뜨기
게 이 지	17코×18단
부 재 료	나무기둥 4개

옆면, 뒷면(3장)

아이보리 실로 사슬 212코를 만든다. 한길긴뜨기로 평면 뜨기한다. 도안에서는 한길긴뜨기를 생략한다.

단의 시작 첫코는 사슬뜨기 3개로 대신한다.

1단 : 한길긴뜨기 212코

2~10단 : 양쪽에서 줄이기 〈194코〉

TIP1

한길긴뜨기 단의 양쪽에서 코줄이는 법

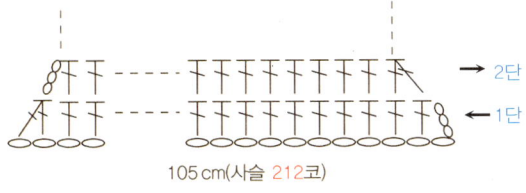

라이트퍼플 → **로열블루** → **블루** → **옐로우그린** → **옐로우** → **오렌지** → **레드** 순서로 한 단씩 색을 바꾸며 뜬다. (11~17단)

실을 자를 때 20 cm 이상 남겨 옆선과 바느질할 때 사용한다.

11~17단 : 교차뜨기단 양쪽에서 줄이기 〈180코〉

TIP2

한길교차뜨기 단의 양쪽에서 코 줄이는 법

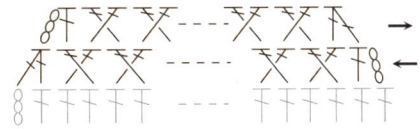

105 cm(사슬 212코)

○ 사슬뜨기
T 한길긴뜨기

아이보리 실로 바꾼다.

18~27단 : 양쪽에서 줄이기 〈160코〉

28단 : 교차뜨기

29~34단 : 교차뜨기단 양쪽에서 줄이기 〈148코〉

35~44단 : 양쪽에서 줄이기 〈128코〉

45단 : 교차뜨기단 양쪽에서 줄이기 〈126코〉

46단 : 교차뜨기

47~50단 : [45~46단]×2 〈122코〉

51단 : 45단처럼 뜨기 〈120코〉

52단 : 한길긴뜨기

53단 : 양쪽에서 줄이기 〈118코〉

54~61단 : [52~53단]×4 〈110코〉

62단 : 교차뜨기

63단 : 교차뜨기단 양쪽에서 줄이기 〈108코〉

64~67단 : [62~63단]×2 〈104코〉

68단 : 교차 뜨기

69~78단 : 양쪽에서 줄이기 〈84코〉

79~85단 : 교차뜨기단 양쪽에서 줄이기 〈70코〉

86단 : 양쪽에서 줄이기 〈68코〉

87단 : 한길긴뜨기

88~95단 : [86~87단]×4 〈60코〉

라이트퍼플 → **로열블루** → **블루** → **옐로우그린** → **옐로우** → **오렌지** → **레드** 순서로 한단씩 색을 바꾸며 뜬다.

실을 자를 때 20 cm 이상 남겨 옆선과 바느질할 때 사용한다.

96단 : 교차뜨기단 양쪽에서 줄이기 〈58코〉

97단 : 교차뜨기

98~101단 : [96~97단]×2 〈54코〉

102단 : 교차뜨기단 양쪽에서 줄이기 〈52코〉

아이보리 실로 바꾼다.

103~120단 : 양쪽에서 줄이기 〈16코〉

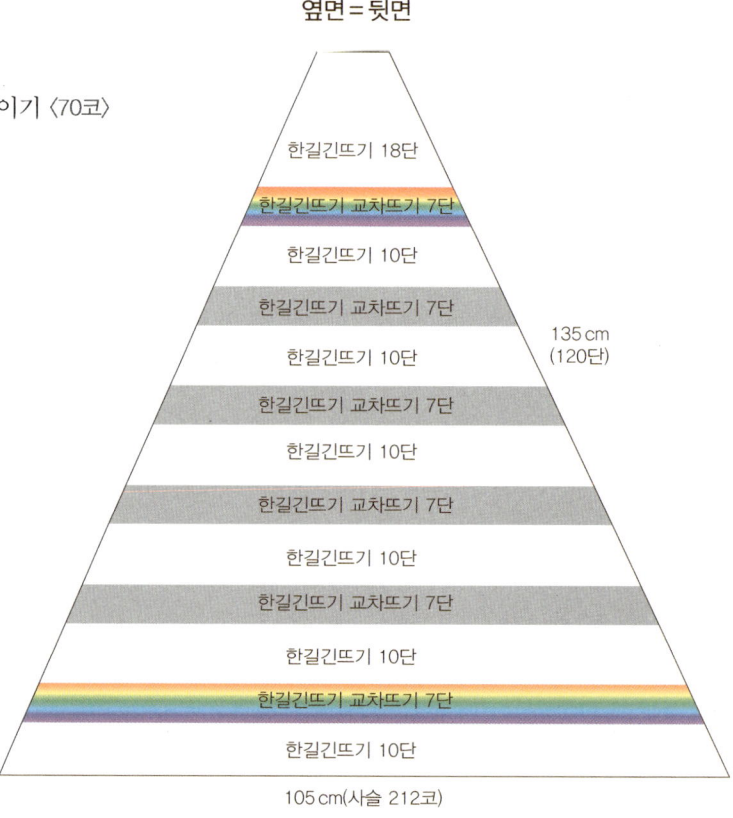

옆면 = 뒷면

앞면 Ⓐ

아이보리 실로 사슬 101코를 만든다.

한길긴뜨기로 평면뜨기 한다. 도안에서는 한길긴뜨기를 생략한다.

단의 첫코는 사슬뜨기 3코로 대신한다.

1단 : 한길긴뜨기 〈101코〉

2단 : 줄이기, 끝까지 한길긴 〈100코〉

3단 : 줄이기, 2코 남을 때까지 한길긴 〈99코〉

4~9단 : [2~3단]×3 〈93코〉

10단 : 2코 남을 때까지 한길긴, 줄이기 〈92코〉

라이트퍼플 → 로열블루 → 블루 → 옐로우그린 → 옐로우 → 오렌지 → 레드 순서로 색을 단마다 바꾸며 뜬다. (11~17단)

실을 자를 때 20 cm 정도 남겨 옆선과 연결할 때 사용한다.

11단 : 줄이기, 끝까지 교차뜨기 〈91코〉

12단 : 2코 남을 때까지 교차뜨기, 줄이기 〈90코〉

13~16단 : [11~12단]×2 〈86코〉

17단 : 줄이기, 끝까지 교차뜨기 〈85코〉

아이보리 실로 바꾼다.

18단 : 2코 남을 때까지 한길긴, 줄이기 〈84코〉

19단 : 줄이기, 끝까지 한길긴 〈83코〉

20~27단 : [18~19단]×4 〈75코〉

28단 : 교차뜨기

29단 : 줄이기, 끝까지 교차뜨기 〈74코〉

30단 : 2코 남을 때까지 교차뜨기, 줄이기 〈73코〉

31~34단 : [29~30단]×2 〈69코〉

35단 : 줄이기, 끝까지 한길긴 〈68코〉

36단 : 2코 남을 때까지 한길긴, 줄이기 〈67코〉

37~44단 : [35~36단]×4 〈59코〉

45단 : 줄이기, 끝까지 교차뜨기 〈58코〉

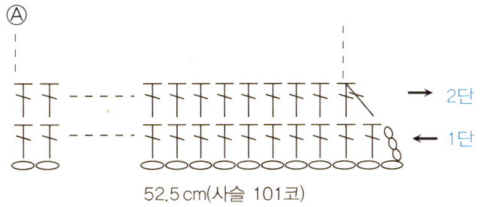

46단 : 교차뜨기

47~50단 : [45~46단]×2 〈56코〉

51단 : 줄이기, 끝까지 교차뜨기 〈55코〉

52단 : 한길긴뜨기

53단 : 줄이기, 끝까지 한길긴 〈54코〉

54~61단 : [52~53단]×4 〈50코〉

62단 : 교차뜨기

63단 : 줄이기, 끝까지 교차뜨기 〈49코〉

64~67단 : [62~63단]×2 〈47코〉

68단 : 교차뜨기

69단 : 줄이기, 끝까지 한길긴 〈46코〉

70단 : 2코 남을 때까지 한길긴, 줄이기 〈45코〉

71~78단 : [69~70단]×4 〈37코〉

79단 : 줄이기, 끝까지 교차뜨기 〈36코〉

80단 : 2코 남을 때까지 교차뜨기, 줄이기 〈35코〉

81~84단 : [79~82단]×2 〈31코〉

85단 : 줄이기, 끝까지 교차뜨기 〈30코〉

실을 자른다.

앞면 a

그림과 같이 Ⓐ 왼쪽 줄임이 없는 면에 실을 연결한다.

안쪽 면에서 뜨기 시작한다.

기둥코를 세우면서 평면뜨기 한다.

1~5단 : 짧은뜨기

앞면 Ⓑ

아이보리 실로 사슬 101코를 만든다.

한길긴뜨기로 평면뜨기 한다. 도안에서는 한길긴뜨기를 생략한다.

단의 첫코는 사슬뜨기 3코로 대신한다.

1단 : 한길긴뜨기 〈101코〉

2단 : 2코 남을 때까지 한길긴, 줄이기 〈100코〉

3단 : 줄이기, 끝까지 한길긴 〈99코〉

4~9단 : [2~3단]×3 〈93코〉

10단 : 줄이기, 끝까지 한길긴 〈92코〉

라이트퍼플 → 로열블루 → 블루 → 옐로우그린 → 옐로우 → 오렌지 → 레드 순서로 색을 단마다 바꾸며 뜬다. (11~17단)

실을 자를 때 20 cm 정도 남겨 옆선 연결할 때 사용한다.

11단 : 2코 남을 때까지 교차뜨기, 줄이기 〈91코〉

12단 : 줄이기, 끝까지 교차뜨기 〈90코〉

13~16단 : [11~12단]×2 〈86코〉

17단 : 2코 남을 때까지 교차뜨기, 줄이기 〈85코〉

아이보리 실로 바꾼다.

18단 : 줄이기, 끝까지 한길긴 〈84코〉

19단 : 2코 남을 때까지 한길긴, 줄이기 〈83코〉

20~27단 : [18~19단]×4 〈75코〉

28단 : 교차뜨기

29단 : 2코 남을 때까지 교차뜨기, 줄이기 〈74코〉

30단 : 줄이기, 끝까지 교차뜨기 〈73코〉

31~34단 : [29~30단]×2 〈69코〉

35단 : 2코 남을 때까지 한길긴, 줄이기 〈68코〉

36단 : 줄이기, 끝까지 한길긴 〈67코〉

37~44단 : [35~36단]×4 〈59코〉

45단 : 2코 남을 때까지 교차뜨기, 줄이기 〈58코〉

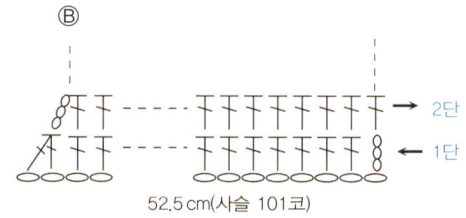

46단 : 교차뜨기

47~50단 : [45~46단]×2 〈56코〉

51단 : 2코 남을 때까지 교차뜨기, 줄이기 〈55코〉

52단 : 한길긴뜨기

53단 : 2코 남을 때까지 한길긴, 줄이기 〈54코〉

54~61단 : [52~53단]×4 〈50코〉

62단 : 교차뜨기

63단 : 2코 남을 때까지 교차뜨기, 줄이기 〈49코〉

64~67단 : [62~63단]×2 〈47코〉

68단 : 교차뜨기

69단 : 2코 남을 때까지 한길긴, 줄이기 〈46코〉

70단 : 줄이기, 끝까지 한길긴 〈45코〉

71~78단 : [69~70단]×4 〈37코〉

79단 : 2코 남을 때까지 교차뜨기, 줄이기 〈36코〉

80단 : 줄이기, 끝까지 교차뜨기 〈35코〉

81~84단 : [79~82단]×2 〈31코〉

85단 : 2코 남을 때까지 교차뜨기, 줄이기 〈30코〉

실을 자른다.

앞면 b

그림과 같이 Ⓑ 옆면에 실을 연결한다.

기둥코를 세우면서 평면뜨기 한다.

안쪽면에서 뜨기 시작한다.

1~5단 : 짧은뜨기

※ b 마지막 5코를 a와 짧은뜨기로 연결하면서 뜬다(벌어짐 방지).

앞면 ⓒ

a와 b를 짧은뜨기 5코로 연결한다.

86단 : 줄이기, 한길긴 28(ⓑ부분) / b 옆면에서 한길긴 5 / a 옆면에서 한길긴 5 / 한길긴 28, 줄이기(Ⓐ부분) 〈68코〉

87단부터 옆면 및 뒷면 도안과 동일하게 뜬다.

나무기둥 고정틀(8개)

아이보리 실로 사슬 14코를 만든다. 첫코에 빼뜨기 하여 원형뜨기 한다. 단의 첫코를 사슬 3코로 한길 긴뜨기를 대신한다. 단의 마지막은 빼뜨기로 연결한다.

1~14단 : 한길긴뜨기

빼뜨기로 마무리한다.

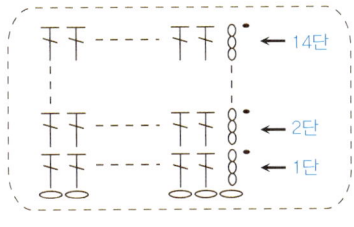

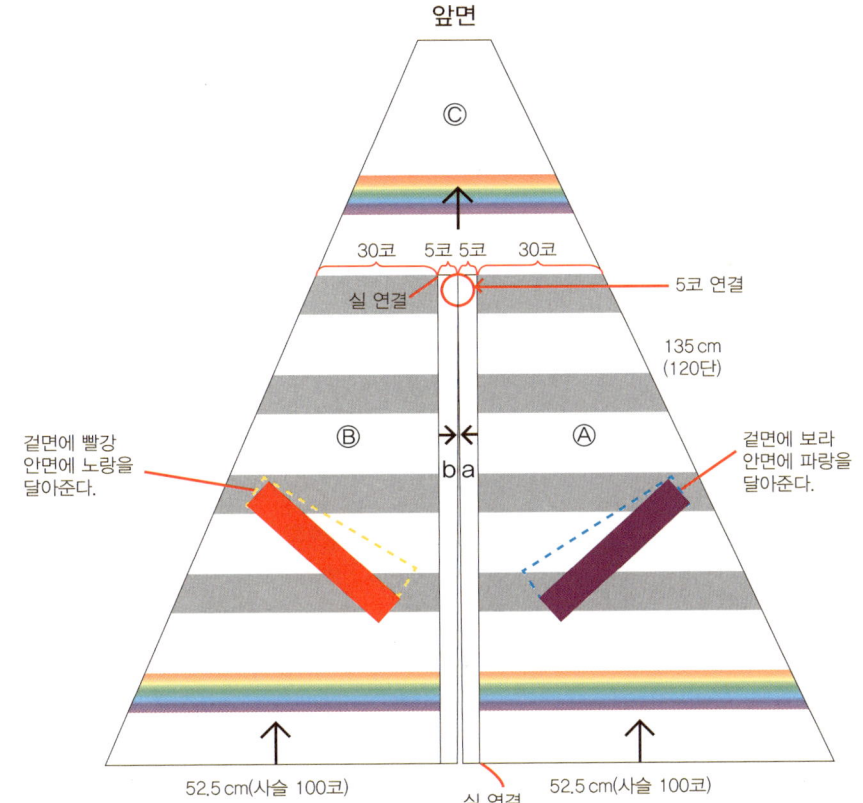

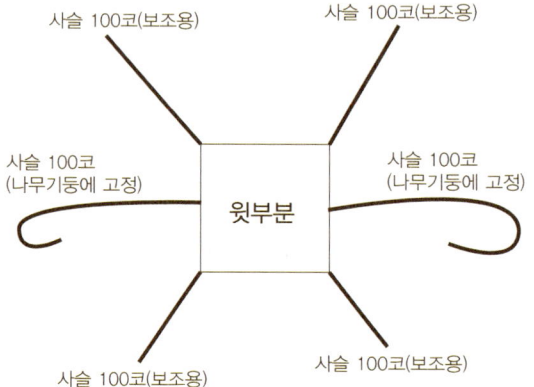

리본(레드, 옐로우, 블루, 라이트퍼플 각 1개씩)

사슬 7코를 만들어 평면뜨기 한다. 단의 첫코는 사슬뜨기 3코로 한길긴뜨기를 대신한다.

1~14단 : 한길긴뜨기

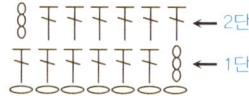

TIP
옆선 연결 방법

1. 안쪽 면을 마주대고 한길긴뜨기 기둥에 짧은뜨기 2코를 넣고 단마다 짧은뜨기를 반복하면서 연결한다.
2. 무지개색 부분을 옆선을 연결할 때는 남긴 실로 연결한다.

조립

1. 앞면, 뒷면, 옆면을 그림과 같이 옆면을 짧은뜨기와 사슬 2개를 반복하며 연결한다(TIP 참고).
2. 4가지 색상으로 뜬 끝을 아이보리 2번째 교차뜨기 면 모서리 쪽에 감침질한다.
3. 나무기둥 고정용은 그림처럼 무지개색 아래 아이보리 3번째 교차뜨기 면의 안쪽에서 감침질한다.
4. 오른쪽 위의 그림처럼 텐트 윗부분이 4면의 꼭짓점 부분과 옆면 가운데에 사슬뜨기 끈을 만든다.
5. 나무기둥 고정틀에 나무기둥을 끼우고 나무기둥에 고정하는 끈(윗부분 옆면의 끈) 2개를 묶어 고정한다.
6. 텐트를 세우고 보조용 끈 4개의 꼭짓점에 연결해 묶어준다.
7. 텐트 앞면의 리본을 좌우 각각 묶는다.

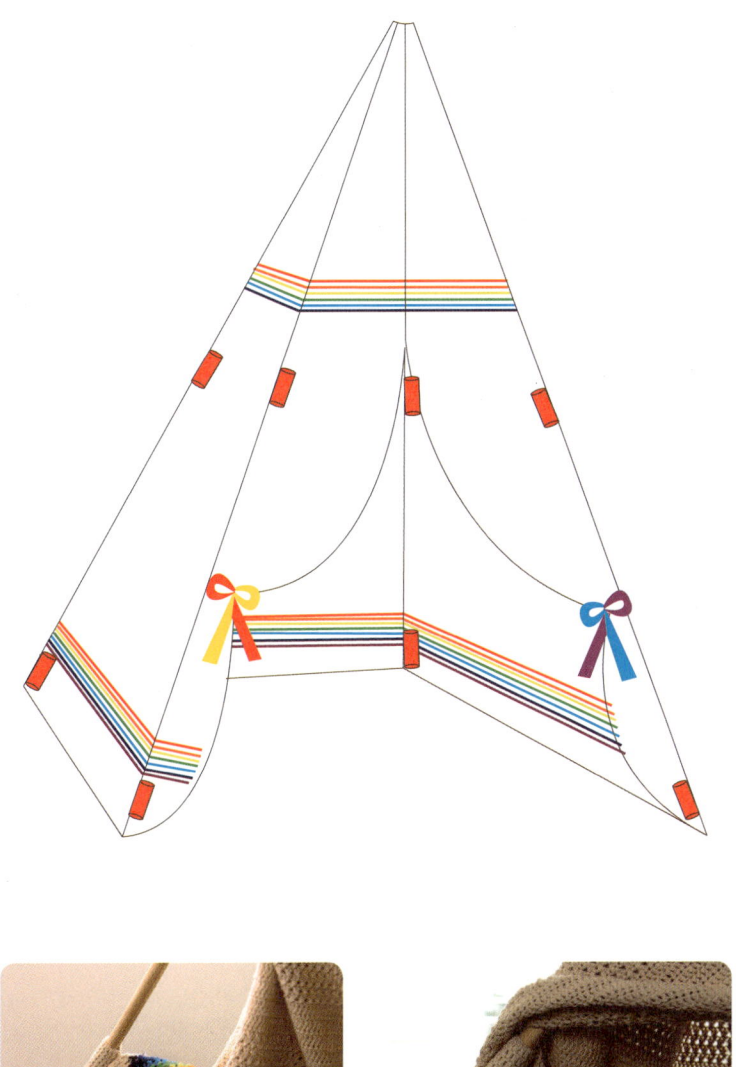

도림북스 손뜨개책 속

손뜨개 작품 전시회

coming soon

12월, 책 속 작품을 직접 보실 수 있습니다!

자세한 일정은 도림북스 홈페이지를 참고해주세요!
www.dorimbooks.com
www.facebook.com/dorimbooks